우리 고전 생각 수업 06

생각을 담은 집 한옥

옛사람들의 집 이야기

생각을 담은 집 한옥

글 노은주·임형남 ● 그림 정순임

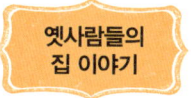

옛사람들의 집 이야기

위즈덤하우스

| 여는 글 |

생각을 담은 집,
마음이 쉬는 넉넉한 집, 한옥

이제부터 여러분과 '한옥'에 대한 이야기를 나눠 볼까 해요. 옛날 사람들이 입었던 우리 고유의 옷을 '한복'이라고 하듯, 한옥은 옛사람들이 살았던 집을 말해요.

사실 한옥이라는 이름이 언제부터 쓰이게 된 것인지는 알 수 없어요. 서양의 주택을 부르는 '양옥'이라는 말이 생기자, 원래부터 있던 우리의 집을 한옥이라고 부르게 된 건 아닌가 싶고요. 우리가 알고 있고 지금 남아 있는 대부분의 한옥은 결국 조선 시대에 지어진 집인데, 그렇다고 '조선집'이라고 부르기는 좀 애매하고……, 아무튼 한옥은 '한국인이 살았던 전통적인 집, 혹은 그런 형식을 가진 집'을 말합니다.

한옥은 아주 옛날부터 우리나라의 기후에 맞게, 각 지역에 따라 살아가는 모습에 맞게 발전해 왔어요. 그런데 일제 강점기를 지나며 지난 백 년 동안 사람들은 오래된 것들은 낡은 것, 버려야 할 것으로, 새로운 것들은 받아들이고 익혀야 할 것으로 생각하게 되었어요. 그래서 한옥도 시대에 뒤떨어진 진부하고 불편한 과거의 집이라고 멀리하였고, 아파트 같은 보다 '현대적'인 모습의 집들을 많이 짓게 되었어요.

　그러던 중 언제부터인가 우리의 전통에 대해 뒤돌아보고 우리 문화에 대해 찾아보면서, 사람들은 다시 한옥에 관심을 갖게 되었어요. 다행스러운 일이에요. 하지만 한옥을 마치 박물관에서 보존해야 할 유물처럼 생각해서는 안 될 것 같아요. 왜냐하면 한옥은 지금도 우리가 살아가는 모습에 맞게 바꾸어 가고 발전시킬 수 있기 때문이지요.

　몸에 좋다는 온돌, 기와지붕의 아름다운 곡선, 낙숫물 떨어지는 마당의 운치……, 이런 것들은 사람들이 한옥에 대해 가지고 있는 일반적인 그림입니다. 그런데 우리는 건축을 공부하며 한옥에 가 볼 때마다 한옥이 굉장히 다양하고 변화무쌍하고 자유로운 집이라는 느낌을 받았어요. 우리가 알고 있고 머릿속으로 그리고 있는 '한옥이라는 그림'은 한옥의 아주 작은 일부분이라는 생각이 들더군요.

　한옥에도 이층집이 있다는 것을 혹 알고 있나요? 경북 상주에는 대산루라는 집이 있는데 바로 2층으로 된 한옥집이에요. 그것도 2층에 온돌방이 있는 특이한 집이지요. 한옥은 앉아서 생활하는 좌식집이며 단층집이라는 생각은 그리 오래된 것이 아니에요. 온돌은 우리나라 고유의 난방법인데, 아궁이에서 불을 때면 불기운이 방 밑을 지나 방바닥 전체를 데워 주고 마지막에 굴뚝으로 빠지게 만들어 놓은 거예요. 우리나라에 온돌이 널리 퍼진 것은 조선 중기 17세기 이후부터예요. 그 전에는 일부 부유층에서 온돌을 사용하다가 온돌이 널리 퍼지면서 사람들은 주로 바닥에 앉아 생활하게 된 거죠. 고려 시대까지는 이층집이 꽤 있었는데, 온돌이 보급되면서 대부분 일층집이 되고, 가구나 창문의 모양도 많이 바뀌었다고 합니다.

 상주 지역에는 대산루 말고도 2층 한옥이 꽤 남아 있는데, 습기가 많은 그 지역의 기후 때문일 거라고 짐작됩니다. 부엌과 온돌을 1층에 두고, 자는 방과 서고, 공부방 등 사람이 주로 지내는 방을 2층에 두면 아무래도 집이 좀 더 쾌적하겠지요? 경치를 보는 누마루도 2층에 두고요.

 대산루는 우리가 본 많은 한옥 중에서도 무척 멋있는 집이었어요. 대산루처럼 그 시대의 생활에 맞게 당시의 기술로 지어진 집이야말로 한옥의 진정한 모습이 아닐까 생각해요.

 건축가로서 집을 그리고 짓는 일을 하기 위해 우리는 많은 공부를 해요. 그 공부 중에서도 요즘 집이든 옛날 집이든 잘 지은 집, 훌륭한 정신이 깃든 집

들을 직접 가서 보는 게 가장 좋은 공부라고 할 수 있어요. 우리는 시간 날 때마다 전국 방방곡곡의 한옥들을 가서 만나고, 만져 보고, 돌아다녀 보곤 했어요. 그러다 보니 어른들을 위한 건축 이야기책을 여러 권 썼는데, 어린이를 위한 한옥 책은 처음 쓰게 되었어요. 혹 이야기가 조금 어려울 수도 있고, 낯설 수도 있겠지만, 오랫동안 우리 땅과 우리 몸에 깃들어 전해 내려온 공간의 의미를 함께 찾아보고 느껴 보았으면 합니다.

옛사람들은 자연을 존중하고, 집의 구석구석에 의미가 있는 이름을 붙이고, 집과 사람이 가족처럼 함께 살아가는 것이라고 생각했어요. 지금부터 한옥 속에 감춰진 옛사람들의 생각과 이야기를 들어 볼까요?

노은주, 임형남

차례

| 여는 글 |

생각을 담은 집, 마음이 쉬는 넉넉한 집, 한옥

1. 세상에서 제일 큰 집 ·· 10
2. 생각을 담은 집 ·· 20
3. 이름이 붙은 집 ·· 30
4. 마당이 많은 집 ·· 38
5. 마루가 시원한 집 ·· 50
6. 창과 문이 환한 집 ·· 58
7. 여자를 위한 집 ·· 70
8. 오래된 살림집 ·· 78
9. 궁궐과 살림집 ·· 88

10. 신들이 사는 집 ———————————————— 100

11. 공부하는 집 ————————————————— 110

12. 집 밖의 집 —————————————————— 120

13. 우리 시대의 한옥 ———————————————— 134

| 집 공부 생각 수업 | 한옥을 둘러보는 여행, 어떠셨나요? ———————— 142

| 찾아보기 | 자료 제공 및 출처 ———————————————— 146

1. 세상에서 제일 큰 집

한옥의 크기

　백 칸 집, 열 칸 집, 세 칸 집……, 이건 집의 크기를 말하는 거예요. 지금은 잘 쓰지 않지만 우리나라의 옛집은 '칸'이라는 단위를 썼어요. 백 칸이면 옛날 말 그대로 '고래 등처럼' 큰 집을 가리키고, 가난하고 소박한 집을 나타내는 '초가삼간' 역시 집의 크기를 나타내지요. 한 칸은 기둥 두 개 사이의 넓이를 뜻해요. 다시 말해서 기둥이 두 개 서 있으면 '사이'가 생기는데 그게 한 칸입니다. 요즘의 단위로 바꿔서 말하면 대략 2.1m에서 2.4m 정도 된답니다. 백 칸이라면 아마 사이가 100개는 되겠지요. 하지만 집을 그렇게 기둥을 죽 늘어놓고 길게 짓지는 않아요.

 기둥 네 개를 네모의 귀퉁이마다 세우면 그 안에 방이 하나 생기겠죠? 그럼 그 방이 한 칸 방이 되는 거예요. 그래서 바둑알을 바둑판에 놓듯이 기둥과 기둥이 세워지며 네모를 만들어 생기는 방, 마루, 헛간, 부엌들이 모여서 열 칸이 되기도 하고 백 칸이 되기도 하는 거예요.

 그러던 것이 한 백여 년 전에 면적의 단위가 정리되면서 '평'이라는 단위가 생겼어요. 평은 미터법 단위로 3.3㎡에 해당하는데, 일제 강점기에 주로 썼던 단위이기 때문에 요즘은 다시 제곱미터를 기본 단위로 쓰고 있어요.

아무튼 세 칸 집, 혹은 삼간집은 방 한 칸, 부엌 한 칸, 마루 한 칸, 다시 말해 집에 있어야 할 최소한의 요소만을 갖춘 집이지요. 한번 줄자를 들고 여러분이 살고 있는 방을 재 보세요. 아마 대부분 가로 2.7m나 3m 정도 되고 세로는 3.3m나 3.6m쯤 될 거예요. 말하자면 세 칸 집의 방 한 칸은 지금의 어린이 방보다도 훨씬 작은데, 그곳에서 여러 식구가 살았답니다.

자연과 더불어 사는 삼간집

　세 칸 집 혹은 삼간집은 아주 작은 집의 상징이에요. 그런데 그렇게 작은 집을 옛날 우리나라 학자들이 살고 싶은 최종의 목표로 삼았다고 하면 믿겨지나요? 많은 분들이 나이 드시고 마지막에 지은 집들이 그 크기의 집이었다고 해요.
　그걸 좀 낭만적으로 표현한 분이 있어요. 송순이라는 조선 중기에 사셨던 아주 유명한 학자이면서 시인이 계신데, 면앙정이라는 세 칸짜리 집을 지어 놓고 지은 시입니다.

> 십 년을 경영하여 초려삼간 지여 내니
> 나 한 간 달 한 간에 청풍 한 간 맛져 두고
> 강산은 들일 듸 업스니 둘러 두고 보리라.

　풀이해 보자면, "십 년 동안 궁리하여 초가삼간을 지어 냈는데, 그걸 지은 내가 한 칸 쓰고, 하늘 높이 멋지게 떠 있는 달에게 한 칸 주고, 시원하게 불어오는 바람에게 한 칸 주고 났더니, 집 앞으로 멋지게 펼쳐진 풍경은 들여놓을 곳 없게 되어서, 하는 수 없이 집으로 들이지 못하고 그냥 빙 둘러놓고 보리라." 이런 뜻입니다.
　물론 달이 들어와 사는 것도 아니고 바람이 들어와서 같이 밥을

먹을 것은 아니겠지만, 자연과 더불어 작은 집에서 행복하게 사는 모습이 그려지지 않나요? 아마도 이런 것을 '풍류'라고도 하고 '멋'이라고도 하는데, 세 칸 집에는 그런 낭만이나 멋을 상징하는 무엇인가가 있는 모양이에요.

작지만 큰 집, 산천재

　이제부터 내가 본 가장 큰 집이면서 내가 가장 좋아하는 집을 이야기해 볼까 해요. 어떤 집이냐고요? 무척 궁금하죠? 그 집은 지금으로부터 450여 년 전에 지어진 집인데, 집의 이름은 산천재(山天齋)예요.

　가장 큰 집이라고 했으니 혹 백 칸이 넘는 집이냐고요? 아니, 전혀 그렇지 않아요. 정면에서 보면 기둥 네 개가 서 있는 세 칸짜리 집이에요. 세 칸짜리 집이 어떻게 세상에서 제일 큰 집이냐고요?

　　봄 산 어디엔들 향기로운 풀 없겠냐만,
　　하늘 가까운 천왕봉이 마음에 들어서
　　빈손으로 왔지만 먹을거리 걱정하랴?
　　십 리 은하 같은 물 먹고도 남으리.

　이 시는 그 집의 주인이 집을 짓고 지은 시라고 전해집니다. 지금도 산천재에 가면 기둥에 붙어 있어요.
　무슨 말인고 하면, 어디엔들 살기 좋은 곳이 없겠냐마는 아주 높고 깊은 지리산이 맘에 들어 단출하게 들어와서 집을 지었지만 먹을 것을 걱정하지 않는다. 내 앞으로는 은하수 같은 큰물이 있는데……, 뭐 그런 내용이에요. 아주아주 큰 산을 베고 아주 큰 강을 앞에 놓고 그렇게 살겠다는 마음이었던 모양입니다.

그런 엄청난 포부를 가진 분은 바로 남명 조식이라는 학자예요. 우리가 굉장히 존경하는 퇴계 이황 선생과 같은 해인 1501년에 태어났고, 지식의 수준도 서로 견주어 어느 분이 더욱 훌륭하다고 판단할 수 없을 정도라고 해요. 남명 조식은 높은 학문을 쌓았지만 벼슬길에 나가지 않고 타락한 권력을 비판하며 평생을 올곧게 산 진정한 학자입니다.

옛사람들은 '호'라고 해서 자란 다음에 친한 사람들끼리 부르는 이름들이 있었어요. 마치 지금 우리가 아이디(ID)를 하나씩 가지고 있듯이 말이죠. 가령 이황 선생은 '퇴계'라는 호로 불렸고 이이 선생은 '율곡'으로 불렸어요. 그래서 우리는 보통 이름 앞에 호를 같이 붙여서 '퇴계 이황', '율곡 이이' 이런 식으로 그분들을 기억하곤 하죠.

조식이라는 분의 호는 '남명'이에요. 그래서 우리는 '남명 조식'이라고 부르죠. 남명(南冥)은 남쪽에 있다고 하는 큰 바다라고 『장자』라는 책에서 나오는 말이에요.

그분은 평생 단 한 번도 벼슬을 하지도 않았다고 합니다. 출세를 위한 공부보다는 세상과 삶의 이치를 깨닫기 위한 공부를 하고 제자를 길렀는데, 그 공부의 성과가 아주 대단했다고 합니다. 그래서 나라에서는 여러 번 벼슬을 내렸지만 한 번도 응하지 않고 불의에는 타협하지 않았어요. 마음을 바르게 하고 실천해야 한다는 그의 가르침 덕인지, 그의 제자 중에는 나라가 어려울 때 의병으로 활동한 분들이 많아요.

조식 선생은 평생 공부도 많이 했지만 집도 여러 채 지으셨어요. 60세가 넘어 마지막으로 지은 집이 바로 이 집, 산천재예요.

한 칸은 자신이 자고 공부하는 방이고, 가운데 한 칸은 제자들을 가르치는 마루이고, 마지막 한 칸은 제자들이 자는 방으로 이루어져 있어요.

산천재 지리산 천왕봉이 바라보이는 경상남도 산청에 자리 잡고 있다.

조식 선생이 계셨던 방 앞으로는 매화나무가 마당에 덩그러니 심어져 있습니다. 그 매화나무를 '남명매'라고 부르죠. 그리고 집 앞으로 덕천강이라고 지리산에서부터 흘러나온 물이 강을 이루며 크게 흐르고, 뒤로는 지리산에서 제일 높은 천왕봉이 든든하게 버티고 있답니다.

높은 산과 도도하게 흐르는 강 사이로, 공부하는 학자들이 무척 사랑했다고 하는 매화나무가 심어져 있고, 키도 낮고 폭도 좁은 작은 집이 있는 그 풍경은 마치 빈 곳이 많은 그림 같기도 해요.

그곳에 가면 생각을 하게 되죠. '아니 이분은 왜 이런 집을 지었을까. 저 산과 저 강을 보며, 나뭇잎조차 깨어나지 않는 이른 봄에 아주 고고하게 꽃을 피우는 매화를 보며 무슨 생각을 했을까.' 아주 많은 생각을 하게 되어요.

생각에 생각이 꼬리를 물고 일어나는 것을 지켜보며 마루에 앉아 있으면 이 집은 점점 커지죠. 물론 실제로 집이 커지는 것은 아니지만, 우리의 마음속에서 집이 점점 커지고 나도 모르게 존경하는 마음이 생기게 되어요.

집은 사람이 짓고 집은 그 집을 지은 사람의 마음을 담죠. 그리고 집이 그 사람을 닮게 되는 거래요. 아마 남명 조식이란 분이 그런 분이셨을 거예요. 자기를 드러내지도 않고 아주 화려한 치장을 한 것도 아니고, 그렇다고 대단히 덩치가 크거나 아주 높은 벼슬을 한 분도 아닌데, 마주 대하고 이야기를 나누다 보면 점점 커지는 그런 분이셨을 거예요.

 마치 동네 뒷산처럼 만만해 보이지만 아주 높은 산인 지리산처럼, 남명 조식을 닮은 산천재는 작지만 아주 큰 집입니다. 집은 눈에 보이는 크기보다 정신적인 크기가 훨씬 더 중요하다고 우리에게 이야기하는 것 같아요. 그래서 나는 늘 산천재를 '세상에서 제일 큰 집'이라고 부릅니다.

2. 생각을 담은 집

한옥의 재료

한옥과 지금 우리가 살고 있는 집은 집을 짓는 재료에서 큰 차이가 나요. 요즘 집은 대부분 시멘트와 모래와 자갈을 섞은 콘크리트나 벽돌로 지어요. 물론 목조주택이라고 해서 미국이나 캐나다 방식으로 짓는 나무 집도 있지만 우리나라 전통의 방식과는 많이 다르죠. 돌로 기둥을 받치고 거기에 나무 기둥을 세우고 그 위에 흙으로 구운 검은 기와를 덮은 것이 우리가 알고 있는 한옥의 모습입니다.

그런 모습의 한옥은 언제부터 나타났을까요? 원래 인류 최초의 집은 비와 바람, 동물 등 자연의 위협으로부터 스스로를 보호하기 위한 은신처로서, 동굴이나 바위 틈에 나뭇가지나 동물의 가죽을 덮는 간단한 형태였죠.

농사를 지으면서 사람들이 한곳에 머물며 살게 되자, 손쉽게 짓고 허물 수 있는 일시적인 은신처 대신 잠자고 쉬면서 오래 살 수 있는 튼튼한 집을 공들여 짓게 되었어요. 여러 유적에서 발견되는 최초의 집은 땅에 적당한 넓이와 깊이로 구덩이를 파서 바닥을 고르고 굳게 다진 다음, 기둥을 세우고 긴 풀이나 짚으로 지붕을 덮은 움집입니다. 우리나라에서도 움집은 삼국 시대까지 보편적인 살림집으로 이용되었다고 추측되고 있어요.

삼국 시대에는 중국의 영향을 받아 기와나 전(塼 벽돌)을 사용하고, 큰 나무를 깎고 다듬어 서로 엮어 구성하는 새로운 건축 기법을 받아들이게 됩니다. 그것이 조금씩 바뀌면서 이후 통일 신라 시

움집
서울 암사동 유적에 복원된 움집의 모습으로, 땅을 파고 내려가 벽이 없이 지붕만 씌운 집이다.

집모양토기
고구려 시대에 만들어진 것으로,
지붕에는 골을 파서
기와를 얹은 모양을 하고 있다.

대·고려 시대·조선 시대로 이어지며 우리가 알고 있는 한옥의 형태로 완성되어 갑니다.

  언뜻 보면 한옥은 모두 똑같아 보입니다. 재료가 같고 구성이 비슷하니 그렇겠죠? 그런데 알고 보면 한옥은 그런 눈에 보이는 재료만 가지고 지어졌던 것이 아니라 그 집을 짓고 살았던 사람의 생각이 가장 중요한 재료였어요.

집으로 만나는 이황 선생님

퇴계 이황이라는 분이 계셨어요. 여러분도 아마 많이 들어 봤을 거예요. 지금으로부터 오백여 년 전, 조선 시대에 살았던 분이에요.

이황 선생님은 아주 대단한 학자이고, 성리학이라는 학문을 아주 높은 경지까지 끌어올리신 분이라고 합니다. 훌륭한 제자들을 많이 키워 내셔서 지금도 그분에 대한 존경이 아주 높고도 크다고 해요.

나도 그분의 말씀이 들어 있는 책을 읽어 보려고 노력했는데, 어려워서 무슨 말인지는 잘 모르겠어요. 마치 높은 산을 오르는 것처럼 오르기도 힘들고 지금 내가 어디까지 왔는지 알 수도 없었어요. 산이 그렇죠. 오를 때 무척 힘이 들고, 올라가다 보면 대체 언제까지 올라야 하는지 알 수 없지만, 끝까지 오르면 세상을 다 얻은 것처럼 기분이 좋아집니다. 하지만 이황 선생님의 책을 읽는 것은 조금 올라가다가 내려올 수밖에 없을 만큼 어려운 일이었어요.

그런데 다행히 선생님이 집을 많이 지으셔서 나는 집으로나마 그분을 알 수 있게 되었고, 친해질 수 있었습니다. 재미있죠? 선생님의 학문은 설명을 들어도 어렴풋이 알 듯 말 듯하지만, 그분이 지은 집을 보면 단박에 좋아하게 되니까요.

어떤 집이냐면 경상북도 안동에 있는 도산서당이라는 집이에요.

　이황 선생님은 평생 여러 채의 집을 지으셨는데, 도산서당은 선생님의 나이 쉰일곱, 즉 57세에 지은 집입니다. 지금이야 57세라면 젊지는 않지만 한참 일을 하기도 하고 여행도 다니고 할 정도이지만, 그때의 평균 수명으로 보면 말년에 지은 집이라 할 만하지요.

　조식 선생님도 그렇고, 옛날 학자들은 자기가 평생 공부해서 얻은 생각으로 집을 짓는 것을 무척 가치 있는 일이라고 생각했었나 봐요.

정성껏 지은 작은 집

　도산서당이 대단한 집이라고 해서 잠시 여러분들이 기대를 하지는 않았나요? 무척 크고 웅장하고, 뭐 그런 집들을 생각했겠지만 도산서당은 우리의 기대를 깨는 무척 작은 집입니다. 정면에서 보면 마루 한 칸, 방 한 칸, 부엌 한 칸, 그래서 정면 세 칸짜리인 아주 작은 집이에요. 나중에 왼쪽으로는 부엌을 조금 덧붙이고, 오른쪽으로는 마루를 늘려 지금은 다섯 칸으로 보이죠. 그래도 면적으로 치면 9평(30㎡) 정도 되니, 지금으로 보면 조금 큰 아파트 거실과 식당을 합한 정도의 규모입니다.

　보통 양반들의 집은 행랑채, 사랑채, 안채 등 여러 채의 건물로 이루어지기 마련이라 칸수로 치면 30~40칸 이상이 되는 경우가 많았어요. 그런데 이황 선생님은 세 칸에 불과한 이 집을 무려 5년에 걸쳐 지어서 61세에 완성했다고 해요. 굉장하죠?

　공사비가 부족하기도 했고, 여러 가지로 정성을 들이다 보니 짓는 데 무척 오래 걸렸다고 합니다. 그분은 그곳에서 학생도 가르치고 독서도 하고 생각도 하고 글도 쓰는 자기만의 세계를 만들려고 하셨던 모양입니다. 그래서 자신이 살면서 학생을 가르치는 도산서당 말고도, 학생들이 사는 집도 그 옆에 같이 지었는데 그곳도 그리 크지는 않아요.

집은 이황 선생님이 직접 설계를 했고, 공사는 집을 잘 짓는 스님이 하셨다고 합니다. 그때 스님과 주고받은 편지가 지금도 남아 있어요.

> "중앙의 동쪽과 서쪽 두 칸은 보 8척 도리 7척이 되게 하십시오.
> 방, 실, 부엌, 곳집, 문, 마당 창호도 모두 의미를 담고 있으니 바꾸어서는 안 됩니다."

집을 이루는 뼈대들의 치수에서부터 각 공간의 의미까지 꽤 자세하게 편지를 써서 보낸 것을 보면, 얼마나 신경을 쓰고 정성을 들여서 집을 지었는지가 느껴지지요. 그 집에는 이황 선생님이 잠도 자고 책도 읽고 생각도 하고 했던 가로 2.5m, 세로 2.8m 크기의 작은 방이 있어요. 선생님은 그 방의 이름을 '완락재'라고 붙여 놓았습니다. 그 뜻은 '감상하고 즐기니 평생 여기에서 지내도 싫지 않겠다.'라는 주자의 말에서 따왔다고 해요.

주자는 옛날 중국의 유명한 학자예요. 공자님에서부터 비롯된 유학을 계승 발전시킨 분으로 이황 선생님은 주자를 굉장히 존경했다고 전해지고 있어요.

　도산서당의 방 앞에는 작은 마루가 있어요. 이황 선생님은 그 마루에 앉아서 마당을 보기도 하고, 학생들을 가르치기도 했답니다. 마루에는 '암서헌'이라고 이름을 붙여 놓았어요. 역시 주자가 쓴 글에서 따왔다고 하는데, '작은 집에 산다'는 뜻이 있는 아주 겸손한 이름이에요.

　그리고 마루와 반대편 끝에는 작은 부엌과 창고가 붙어 있어요.

　그걸로 집은 끝입니다. 지금은 기와가 얹힌 단정한 모습인데, 애초에는 초가집이었다고 전해져요. 나중에 한강 정구라는 제자가 집을 고쳐 주면서 지붕을 기와로 바꾸고 옆으로 마루를 덧대어 주었다고 합니다.

존경하는 마음을 담은 집

도산서당을 바로 앞에서 보면 참 예뻐요. 정교한 그림 같기도 하고, 무언가 뽐낸다든가 사람을 주눅 들게 하지 않고, 푸근하게 맞아 주는 표정이 있는 집입니다. 아마 퇴계 이황 선생님이 그런 모습이지 않았을까 생각해요.

사실 집이란 돌이나 나무나 유리 같은 눈에 보이는 재료로 짓는 것이지만, 그것보다 더 중요한 재료가 있습니다. 바로 '생각'이에요. 그래서 어떤 집을 보면 그 주인의 성격이 보이고 주인이 좋아하는 것이 보여요. 그런 점에서 도산서당을 보면, 퇴계 이황이란 분이 어떤 분이고 어떤 걸 좋아하셨는지 알 수 있어요.

이황 선생님이 이 집을 지을 때 가장 중요하게 생각했던 재료가 평생 마음에 품고 있었던 '경(敬)'이라는 글자였어요. '경'이라는 글자는 사전을 찾아보면 '공경한다'는 뜻이에요. 공경한다는 것은 무언가를 받들고 존경한다는 뜻인데, 스스로를 낮춘다는 의미가 되기도 하지요. 아마 이황 선생님은 나를 낮추고 나를 삼가하고 조심하라고 이야기하는 것 같아요. 나를 낮춘다는 것은 상대편을 인정하고 존경한다는 것인데, 그런 사람이 뽐내고 으스대지는 않겠지요?

이황 선생님은 자신이 머무는 집을 겸손하게 짓고, 제자들이 머물면서 공부하는 집 또한 거리는 조금 떨어져 있지만 높이를 낮추거나 내려다보이게 짓지 않았어요. 선생님과 학생 사이에는 위계가 있고 서열이 있어서 선생님을 존경하도록 만드는 게 보통인데 말이에요. 이황 선생님이 지은 세 채의 집은 높이가 비슷하고 서로를 감시하지 않는 자세로 앉아 있어요.

도산서당에 가서 따뜻한 햇볕을 받으며 암서헌에 앉아 있으면 이황 선생님의 마음이 전해져요. 옛날 집에 가는 것은 아마 그런 게 아닌가 싶어요. 우리에게 어려운 분, 우리와는 시간이나 공간이 아득히 멀어서 도저히 만날 수 없는 분, 그런 분들을 만나고 대화하고 혹은 포근하게 안겨서 이야기 듣다 돌아오는 걸 거예요.

나는 도산서당에 가면, 아니 옛사람들이 짓고 사셨던 집에 가면, 그렇게 앉아서 그분들과 이야기를 나누다가 돌아오곤 해요. 이황 선생님의 책을 읽을 수는 없어도 그분이 사셨던 집에 가면 선생님이 우리에게 하고자 했던 이야기를 생생하게 들을 수 있어요.

그게 좋아 시간만 나면 옛날 집에 가서 앉아 있다 오곤 하지요.

여러분도 옛집에 가게 된다면 그 주인이 앉았던 마루에 앉아 코끝을 스치는 바람 냄새를 맡으며 따뜻한 볕이 내리쬐는 마당을 보며 그곳에 살았던 옛사람들이 들려주는 이야기를 가만히 들어 보세요.

3. 이름이 붙은 집

집에 붙이는 이름

　요즘은 아파트 같은 공동주택에 많이 살다 보니, '무슨 아파트 몇 동 몇 호' 이런 식으로 집을 숫자로 된 집의 주소로 기억하게 됩니다. 그런데 한옥에는 따로 이름이 붙어 있는 경우가 많아서, 주인의 이름 혹은 호를 따라 '허삼둘가옥', '명재고택', '추사고택' 이런 식으로 부른답니다. 혹은 '도산서당'처럼 그 집이 자리 잡은 곳 근처의 산이나 강, 혹은 지명을 넣기도 하고, 혹은 '산천재', '서백당'……, 이런 식으로 주인이 좋아하는 글귀나 인생의 지침으로 삼는 격언을 따라 짓기도 해요. 이렇게 짓는 집의 이름을 '당호(堂號)'

라고 하고, 집의 이름을 써서 문 위에 걸어 놓기도 해요.

그렇다면 한옥의 이름 끝에 붙는 글자가 '정사', '정', '당', '재' 등 때마다 다른 건 왜일까요? 보통 집의 용도에 따라 다르게 지어지는 경우가 많은데요, 『한국건축개념사전』(안계복, 동녘)에서 다음과 같이 설명하고 있어요.

"전(殿)은 궁궐이나 사찰처럼 위계가 높은 건물에, 당(堂)·헌(軒)·와(窩)는 종택이나 개인이 거처하는 건물에, 누(樓)·정(亭)·정사(精舍)·대(臺)는 두루 돌아다니며 구경하는 건물에, 각(閣)은 방이 없는 건물에 주로 붙였다."

근정전 경복궁의 중심이 되는 건물로 나라의 중대한 의식을 거행하는 곳이다.

근정전의 현판
오른쪽에서 왼쪽으로 '근정전'이라 씌어 있다.
근정전은 '부지런하게 정치하라'는 뜻이다.

경복궁의 임금님 집무실이었던 '근정전' 혹은 절의 '대웅전' 같은 큰 건물에 '전' 자가 붙은 것은 그래서겠죠?

경복궁 안에 있는 연회를 위한 건물의 이름은 '경회루'이고, 냇가나 언덕 위에서 경치를 즐기는 건물은 '정' 자가 많이 붙지요. 또 집에서도 서재라든가 사랑방에 또다시 이름을 붙이기도 해요. 강릉의 선교장이라는 부잣집의 사랑채는 '열화당(悅話堂)'이라고 하는데, '가까운 이들의 정다운 이야기를 즐겨 듣는다'는 뜻이지요. 그냥 사랑채라고 부르지 않고 굳이 이름을 붙이는 것은 무엇 때문일까요?

우리가 잘 아는 시 중에 김춘수 님의 「꽃」이라는 시가 있어요.

　　내가 그의 이름을 불러 주기 전에는
　　그는 다만
　　하나의 몸짓에 지나지 않았다.

내가 그의 이름을 불러 주었을 때,

그는 나에게로 와서

꽃이 되었다.

    이렇게 시작되는 시구는 아주 유명하죠. 옛날 선비들이 자신이 머무는 건물에 이름을 지어 줌으로써 살면서 자신이 지켜야 할 잣대를 정하는 건 무척 의미 있는 일이었답니다.

집의 이름에 담긴 의미

언젠가 다산 정약용 선생은 어느 날 큰형님이 집의 이름을 '수오재(守吾齋)' 즉, '나를 지키는 집'이라는 뜻으로 지은 것을 보고 이상하다고 생각했어요.

"나와 굳게 맺어져 있어 서로 떨어질 수 없는 가운데 나보다 더 절실한 것은 없다. 그러니 굳이 지키지 않더라도 어디로 가겠는가?"

정약용은 학문적 성취가 깊었기 때문에 나 자신을 지키는 것이 그리 어려운 일은 아니라고 생각한 것이죠.

그런데 정약용의 생각은 외롭고도 무척 길었던 귀양 생활을 통해 달라집니다. 그런 깨달음을 「수오재기」라는 글에 남기고 있는데, 조금 길지만 한번 같이 읽어 볼까요?

대체로 천하만물이 모두 지킬 필요가 없는데 오직 '나'만은 지켜야 한다. 내 밭을 떠메고 도망칠 수 있는 자가 있을까? 밭은 지킬 필요가 없다. 내 집을 머리에 이고 달아날 수 있는 자가 있을까? 집도 지킬 필요가 없다. 내 동산의 꽃나무, 과실나무 등 나무들을 뽑아갈 수 있을까? 그 뿌리는 땅에 깊이 박혀 있다. 내 책들을 훔쳐다가 없애 버릴 수 있을까? 성현들의 경전은 세상에 물이나 불과 같이 널리 퍼져 있다. 그러니 누가 그것을 없앨 수 있겠는가? 내 옷과 식량을 훔쳐서 나를 궁색하게 할 수 있을까? 지금 천하의 실이 모두 내 옷이요, 천하의 곡식이 모두 내 먹을거리다. 제가 비록 그 중 한둘을 훔친다 해도 온 세상의 것을 모두 다 가져갈 수 있겠는가? 그러니 천하의 만물을 모두 지킬 필요가 없다.

유독 이른바 '나'라는 것은 그 성질이 달아나길 잘하며 들고 남이 무상하다. 비록 친밀하기 짝이 없이 바싹 붙어 있어서 배반할 수 없을 것 같다가도, 잠깐이라도 살피지 않으면 가지 못하는 곳이 없다. 이익과 벼슬이 유혹하면 가 버리고, 위세와 재앙이 두렵게 하면 가 버리고, 궁상각치우의 아름다운 음악 소리가 흐르는 것을 들으면 가 버리고, 푸른 눈썹 흰 이를 한 미인의 아름다운 자태를 보면 가 버린다. 가서는 돌아올 줄 모르니 잡아도 끌어올 수가 없다. 그러니 천하에 '나'처럼 잃기 쉬운 것이 없다. 굴레를 씌우고 동아줄로 동이고 빗장으로 잠그고 자물쇠를 채워서 굳게 지켜야 하지 않겠는가?"

『뜬세상의 아름다움』의 「나를 지키는 집」 중에서, 정약용 저, 박무영 역, 태학사

집의 이름에 담긴 의미가 더욱 새롭게 다가오는 듯하지요? 김득신이라는 선비 또한 머리가 그리 좋지 않아 열 살이 되어 겨우 글을 배우기 시작했는데, 돌아서면 바로 잊어버리곤 해서 주변에서 공부를 말릴 정도였다고 해요. 그런데 다행히도 독서를 무척 좋아해서, 한번 읽기 시작하면 만 번이 될 때까지 계속해서 읽었다고 하는데요, 그래서 그의 서재는 '억만재(億萬齋)'라는 이름을 가졌고, 김득신은 나중에 훌륭한 문장가가 되었다고 합니다.

쉬어 가는 집

한옥의 이름에 깊은 뜻이 담겼어요

옛사람들은 자신이 바라는 것이나 추구하는 삶의 방향을 집의 이름으로 지어 분명히 했어요. 한옥에 가게 되면 한옥에 붙은 이름을 보고 그 뜻을 살펴보세요. 그 집에 살았던 이의 마음을 알고 배울 수 있답니다.

관가정

손중돈이라는 조선 시대의 큰 학자가 지은 집입니다. '관가정'은 '벼가 자라는 모습을 보는 집'이라는 뜻이에요.
농부가 아닌 학자의 집인데 왜 이런 이름이 붙었을까요? 그것은 '벼처럼 자라는 자손을 지켜보는 집'이라는 뜻을 담고 있어요.

만취헌

'만취'는 '늦게까지 푸르다'는 뜻이에요. '시냇가의 소나무는 울창하게 늦게까지 푸름을 머금는다'는 글귀에서 따온 이름이에요. 소나무처럼 끝까지 자신의 뜻을 굽히지 않겠다는 다짐을 담았어요.

보백당

'보백'은 '청백을 보물로 삼는다'는 뜻이에요. 보백당을 지은 김계행은 "내 집에는 보물이 없으며, 보물이라면 오직 청백이 있을 뿐이다."라고 했어요. '청백'이란 재물에 대한 욕심이 없이 곧고 깨끗함을 말해요. 이런 집에 살면 절로 마음이 곧아지고 욕심이 없어지겠지요.

4. 마당이 많은 집

한옥의 건물과 마당

집은, 특히 한옥은 사람이 들어가서 사는 건물과 바깥의 마당으로 이루어져 있어요. 대체로 건물만이 집이고, 마당이란 그저 건물 바깥의 나머지 빈 공간일 뿐이라고 생각하기가 쉽죠. 사람들은 마당이라고 하면, 집이 배경이 되는 가운데 푸른 잔디가 넓게 깔린 마당을 생각합니다. 그런데 그건 우리 한옥에서 이야기하는 마당과는 좀 거리가 있어요.

원래 집과 마당의 관계는 마치 액자 속에 있는 그림과 여백의 관계와 비슷해요. 그림을 그릴 때 무언가 대상을 그리고 나면 빈 부

세한도 추사 김정희는 간략하게 그린 집과 나무들 위로 많은 여백을 두어 눈 내린 추운 겨울의 황량한 모습과 귀양살이하는 자신의 쓸쓸함을 나타내었다.

분이 생기는데 그걸 '여백'이라는 말로 표현합니다. 서양의 그림은 무언가 표현하고자 하는 대상이 중요하게 생각되는데 비해서, 동양의 그림은 그리고자 하는 대상만큼이나 여백도 중요하게 생각되었죠. 그래서 동양에서는 그림을 그릴 때 어떤 그림을 그리느냐 만큼 얼마나 멋지게 여백을 비워 놓느냐 하는 것도 아주 중요한 요소였습니다.

아무튼 마당은 건물과 함께 집을 이루는 중요한 부분입니다.

나는 마당도 방들처럼 여러 가지 모양과 여러 가지 색깔과 여러 가지 온도를 가져야 하고 다양한 이름을 붙여야 한다고 생각해요. 마당은 그림의 여백처럼 드러나게 보이지 않지만, 사실 집에서 참 중요한 일을 하고 있죠. 그냥 빈 곳이고 멀리서 보는 곳이고 꽃을 키우고 나무를 심는 그런 곳 이상의 역할을 했어요.

쓸모 많은 마당

한옥에서는 마당이 아주 중요한 역할을 해요. 우선 마당은 집을 밝게 해 줍니다. 땅에 있는 마당이 어떻게 집을 밝게 해 주느냐고요? 한옥에는 마치 모자에 달린 챙처럼 지붕을 길게 늘린 처마가 있어요. 처마는 여름에 강한 햇볕이 집 안에 들어오는 것을 가려 줍니다. 또 빗물이 들이치는 것을 막아 주어 나무와 흙으로 된 한옥의 벽과, 종이로 된 문과 창문을 보호해 주는 역할도 합니다. 그러나 세상 모든 일이 좋은 점이 있으면 나쁜 점도 있는 법이죠. 긴 처마는 더위와 비로부터 집을 보호하지만 집 안을 어둡게 만드는 단점도 있죠. 이럴 때 마당이 그런 문제를 해결해 주었어요.

한옥의 마당에는 '마사토'라고 부르는 하얗고 알이 굵은 모래가

마당에 반사된 빛으로
불을 켜지 않아도
집 안이 환하다.

깔려 있어요. 그리고 마당을 항상 말끔하게 빗자루로 쓸어 놓죠. 그 정갈하고 하얀 마당에 햇빛이 비치면 그 햇빛이 마당에 반사되어 집 안으로 들어갑니다.

빛이 위에서 아래로 꽂히는 것이 아니라 아래에서 위로 올려 비춰지고 천장까지 가는 것이지요. 은은한 반사광이 집 안에 앉아 있는 사람의 얼굴에 비치면 그 사람이 얼마나 우아하고 고상하고 품위 있게 보이는지 보지 못한 사람은 상상하지도 못할 것입니다.

또한 마당은 집 안의 온도와 습도를 조절해 주었어요. 알다시피 한옥은 나무와 흙으로 만들어진 집이잖아요. 그 재료가 한옥의 가장 큰 장점이면서 가장 큰 단점이기도 해요. 왜냐하면 나무나 흙이라는 재료는 기후에 큰 영향을 받기 때문에, 따뜻하면 늘어나고 추워지면 줄어들지요.

그리고 습도가 높아 습기가 차면 나무가 썩을 가능성이 많아요. 그럴 때 마당이 큰 역할을 해 주었답니다. 마사토가 깔린 앞마당은 물이 잘 흘러가거나 흡수됩니다. 또 하루 종일 햇빛을 받아 뜨거운 상태로 있습니다. 반면에 뒷마당은 대부분 그늘이기 때문에 일 년 내내 종일 햇빛을 받지 못해 서늘한 상태로 있습니다. 집을 사이에 두고 뜨거운 마당과 차가운 마당이 있으니 온도의 차이로 인해 공기의 흐름이 생깁니다.

공기의 흐름은 바람이 되어 집의 가운데 있는 대청을 들락거립니다. 그렇게 집을 돌아다니는 바람이 집의 습기를 없애 주고, 나무가 썩는 것을 막아 줍니다. 무더운 여름날, 대청에 앉아 있으면 지금의 에어컨으로는 도저히 흉내를 낼 수 없는 시원함을 느끼게 되어요.

사람 사이를 좋게 해 주는 마당

마당은 집에 사는 사람들이 서로 부딪히지 않게 하고, 사이좋게 만들어 줍니다. 예전에는 대가족 제도라고 해서, 지금처럼 아버지, 어머니, 아이들로 이루어진 한 가족이 아니라 할아버지로부터 시작해서 큰아버지, 작은아버지 등의 여러 가족이 한집에 같이 모여 살았어요.

사람이 많이 모여 살다 보면 아무래도 이런저런 시끄러운 일들이 많이 생기게 되는 법입니다. 남자와 여자, 어른과 아이, 시어머니와 며느리 등등, 각자의 입장에 따라 부딪히는 일이 많아지죠. 그럴 때 마당이 사람들을 품어 줍니다.

마당에 이름이 따로 있거나 누가 주인이라고 정해 놓은 것은 없지만, 주로 사용하는 사람들에 따라 자연스럽게 이름이 정해집니다. 집 안의 중심인 안방이나 대청에서 집안일을 꾸리던 시어머니는 주로 대청 앞 안마당을, 부엌에서 일을 많이 하던 며느리는 부엌과 곳간이라고 불리던 창고 사이의 옆마당을, 남자들은 사랑채에 붙어 있는 사랑마당을 주로 씁니다.

지금의 아파트는 거실에 앉으면 모든 가족들의 움직임이 보이고 서로 감시할 생각이 없는데도 자꾸 서로 눈에 걸리게 됩니다. 하지만 마당이 있으면 서로 적당히 피해 있을 수도 있고 혼자 즐길 수도 있게 되지요.

한옥은 사람들 간에 적당한 거리가 있는 집이었고, 그것을 돕는 것이 바로 마당의 역할이었습니다. 그래서 우리는 가끔 이야기해요. 옛 어른들은 집을 지을 때 사람이 사는 건물과 함께 마당도 하나하나 마치 방처럼 세심하게 설계했다고 말이에요.

마당은 여백을 느끼게 해 주기도 하지만 어찌 보면 가득 찬 느낌을 주기도 해요. 빛으로 채워지기도 하고, 사람들의 움직임으로 채워지기도 하지요. 즉 마당이란 그냥 비어 있는 공간이기도 하지만 가장 촘촘하게 채워져 있는 공간이기도 합니다.

마당이 많은 명재고택

집집마다 마당은 다 비슷했을까요? 아니면 다 달랐을까요? 집마다 사는 사람이 모두 다른 만큼 당연히 집도 각각 다르고 마당도 역시 각자의 특징이 있었어요.

그럼 마당이 멋진 집을 한 채 소개할게요. '명재고택'이라고 불리는 충청남도 논산에 있는 무척 큰 집입니다. '명재'는 조선 시대에 살았던 윤증이라는 학자의 호이고, '고택'이라는 말은 옛집이라는 뜻이에요. 다시 말해 '명재고택'은 '윤증이라는 분이 사셨던 옛집'이란 뜻이죠.

윤증 선생은 아주 훌륭한 학자였고, 고려 때 동북 9성을 개척한 윤관의 후예로 대단한 집안의 후손이었다고 해요.

이 집은 무척 큰 집입니다. 보통 종가집은 어떤 가문의 중심 역할을 하는 집이에요. 조선 시대는 가문 혹은 문중이라고 일컬어지는, 같은 성씨를 가진 사람들이 제사를 함께 지내며 서로 도우며 살았어요.

그 중에서도 큰아들의 큰아들로 이어지는 집안을 종가집이라고 했고, 그 큰아들들을 종손이라고 불렀지요. 종가집에서는 일 년 내내 크고 작은 제사가 치러지는데, 그때마다 집안사람들이 많이 모여서 함께 조상에게 인사를 드리곤 했어요.

그러려면 집이 무척 커야겠지요? 일단 '육간대청'이라고 불리는 큰 마루가 집 가운데 있어요. '육간대청'이라고 하면 여섯 칸 크기의 큰 마루가 있는 곳이라는 걸 이제는 여러분도 눈치챘을 거예요.

그 마루 크기만큼 그 앞에 널찍한 안마당이 있고, 안방과 건넌방과 부엌도 두 개씩 있어요. 그리고 안채와 적당히 떨어져 있는 사랑채와, 사랑채에 딸려 붙어 있는 높직한 누마루 등 명재고택은 종가집이 갖추어야 할 형식을 모두 갖춘 큰 집이랍니다.

명재고택은 집 구석구석에 있는 크고 작은 마당들과 그 주인들을 찾아보는 재미가 쏠쏠합니다. 만약 여러분이 이 집을 찾아간다면, 동네에서 집으로 들어가는 입구에 넓은 빈 터를 가장 먼저 만나게 될 거예요. 집안사람들뿐만 아니라 동네 사람들까지도 모여서 놀 수 있고 즐길 수 있는 마을 공동의 마당입니다. 당시 윤증 선생이 집안의 큰 어른이자 마을의 큰 어른이었기 때문에 아마도 마을에 큰일이 생길 때마다 사람들이 이 마당으로 찾아와 선생에게 말씀을 올리고 가르침을 받았을 거라고 짐작됩니다.

안채로 들어가기 전에 폭이 넓고 깊이가 얕은 마당이 나오는데, 그 마당은 집 안으로 들어가기 전에 있는 '들어가는 마당'이에요. 아마 이 마당에서 집으로 들어가는 바깥 사람들이 잠시 머물기도 하고 용건을 이야기하기도 했겠지요.

거기서 주욱 들어가면 이 집의 중심이라고 할 수 있는 안마당이 나옵니다. 넓고 깊고 그리고 네모반듯하며 마사토가 곱게 깔려서

아주 환한 마당입니다. 이를테면 아주 잘 생긴 사람의 반듯한 이마 같다고나 할까요. 저는 이 집 마당을 보면 그런 생각이 듭니다.

환하고 편한 마당 그 너머로 넓은 대청이 보여요. 그리고 마당을 'ㄷ'자로 싸고 있는 집은 마치 날개를 펼친 것 같은 모양인데, 그 끝에는 부엌 두 개가 마주 보고 있습니다.

왼쪽 부엌에서 밥을 짓고 음식을 만들었는데, 주로 며느리나 여자들이 일을 했을 겁니다. 그 부엌 뒤로도 창고와 부엌 사이에 긴 마당이 하나 있어요. 그 마당이 며느리나 부엌에서 일을 해야 하는 여자들이 잠시 쉴 수 있는 틈이 되어 줍니다. 대청 뒤로는 조금 높은 마당이 있는데 그곳에는 아주 반들거리는 장독이 놓여 있고 작은 화단이 꾸며져 있어요. 이 공간은 대청에 아기자기한 풍경을 제공하는 뒷마당이고, 그 집에 사는 여자들이 멋을 부리며 가꾸는 뒷마당이에요.

그리고 안마당에서 볼 때 오른쪽으로 폭이 좁고 긴 마당이 있어요. 그

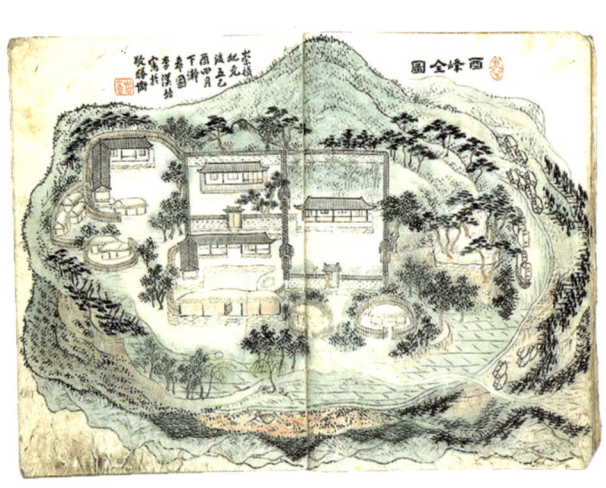
명재고택에 전해 내려오는 책 『영당기적』 중에 나오는 그림이다.

마당의 끝에는 돌로 쌓아 만든 단이 있고, 그 위로 나무가 한 그루 심어져 있어요. 그리고 오른쪽으로 바깥으로 나가는 작은 문이 하나 있는데 그 문을 나서면 사당과 연결됩니다.

이 마당은 어떤 마당일까요? 아마 이 집의 종손이 지나는 마당이었을 거예요. 종손은 큰아들의 큰아들로 이어지는 종가집의 중심이 되는 사람을 말합니다. 종손은 제사를 지낼 때가 되면 옷을 잘 차려입고 제사를 주관해야 하는 주인공으로서의 자세를 가다듬으며 방을 나서고, 신을 신고 천천히 사당으로 향할 것입니다. 그때 자연스럽게 이 마당을 지나게 되는데 이 마당에서 종손은 옷매무새를 단정히 하고 정신을 똑바로 차리고 긴장하게 되겠지요.

마당은 이렇게 어떤 사람이 이용하고 어디에 있느냐, 어떤 모양이냐에 따라 여러 가지 성격을 갖게 됩니다. 마치 사람들이 저마다 이름이 있고 개성이 있듯이 말이죠.

개성 있는 공간들과 갖가지 이름을 가진 마당들이 모여서 하나의 집으로 만들어집니다. 한옥은 그 안에 사는 사람들이 평화롭고 조화롭게 살도록 도움을 줍니다.

5. 마루가 시원한 집

집 안의 높은 곳, 마루

사람들에게 한옥에서 가장 좋아하는 부분이 어디냐고 물어보면, 첫손에 꼽히는 것이 마루입니다. 마당에서 방을 드나들 때 발을 디디거나 걸터앉을 수 있는 무릎 높이에 조금 튀어나온 공간을 본 적이 있죠? 혹은 방과 방 사이에 뻥 뚫려 있는 대청처럼 집 안도 아니고 바깥도 아닌, 묘한 공간이 바로 마루입니다. 마루는 처마 밑이나 지붕 아래 있기는 하지만 벽이 없는 곳입니다. 말하자면 집의 안과 밖을 연결해 주는 역할을 하는 중요한 곳이죠.

여러분에게 마루라는 단어는 낯설지 않을 거예요. 집 안에서 거실이나 방의 바닥이 나무 같은 걸로 덮여 있을 때 보통 그걸 마루라고 하죠. 또 원목마루라든가 온돌마루라든가 할 때의 마루는 말하자면 벽에 붙이는 벽지처럼 집의 재료를 가리키는 말이에요. 한편으로는 마루라는 단어가 고갯마루, 산마루와 같이 높은 곳을 가리키는 경우도 있습니다. 방에 까는 마루와 높은 곳의 마루는 무척 다르게 들리지만, 그 기원을 거슬러 올라가 보면 하나의 의미에서 비롯되었다고 합니다.

중앙아시아에 사는 퉁구스 족의 언어에서 'Malu' 혹은 'Malo'란 말이 있답니다. 그들이 사는 집인 천막에서 가장 높은 기둥 아래 공간을 이르는 말이라고 해요. 마루는 가장 높은 위치에 있는 곳이며 위계가 가장 높은 공간이기에 그곳에 신을 모신다는 것이죠. 이렇게 마루는 '높은 곳', '신성한 곳'이라는 뜻도 가지고 있습니다.

대청
방과 방 사이에 있는 마루로 바람이 잘 통해 더운 여름을 보내기 좋은 곳이다.

'마루 종'의 갑골 문자

또한 종묘사직(宗廟社稷)이나 종가(宗家)라는 단어에 들어 있는 '근원', '으뜸', '제사', '존경받는 사람' 등의 의미가 있는 '마루 종(宗)'이라는 한자도 비슷한 배경을 가지고 있습니다. 한자의 기원이라고 할 수 있는 갑골 문자라는 아주 오래된 한자가 있어요. 거기 보면 '마루 종' 자의 모양이 삼각형 지붕 모양 아래 탁자 위에 무언가를 올려놓은 모습으로 되어 있어요. 결국 마루는 상에 뭔가 올려놓고 치르는 의례, 즉 '제사를 지내는 공간'이라는 의미에서 나왔다고 할 수 있습니다. 그래서 마루는 '제사를 지내는 무리의 장' 혹은 '가장 높은 곳', 모든 '일의 근원'으로 의미가 점점 커집니다. 우리나라의 옛말에서 왕을 뜻하는 '마립간', 높은 사람을 의미하는 '마님', '마루하' 등등도 모두 마루에서 나온 말이라는 주장이 있을 정도지요.

즉 마루는 조상이나 신을 모시는 신성한 곳이며, 그래서 가장 높은 곳이라는 뜻을 품고 있어요.

마루에는 생각보다 많은 의미가 숨겨져 있지요? 조상을 위한 공간이기도 하지만, 무엇보다도 마루는 안도 밖도 아닌, 자연과 집 사이를 연결해 주는 곳이에요. 얼핏 보면 그냥 비어 있는 공간이지만 비어 있음으로 인해 얼마든지 가득 채워질 여지를 둔 참 넉넉한 공간이지요.

이런 마루 저런 마루

마루에는 여러 종류가 있어요. 대표적인 마루인 대청은 글자 그대로 큰 마루라는 뜻이에요. 안채의 한가운데 있으며 모든 살림살이를 관장하고 제사를 지내는 실질적인 집 안의 중심입니다. 대청의 위쪽에는 신주를 모시기 위한 곳을 벽장처럼 만들어 놓기도 해요.

아마도 여러분의 부모님이나 조부모님 세대의 어른들 중에는 여름 한낮에 낮잠을 자던 시원한 대청을 기억하시는 분들이 많을 겁니다. 대청에 누워서 뜨거운 태양빛이 내리쬐는 마당을 보고 있을 때의 서늘하고 편안한 느낌은 다른 무엇과도 바꿀 수 없는 한옥의 가장 특별한 풍경이고 분위기라 할 수 있어요.

한옥은 보통 남쪽을 바라보는 남향집이 많아요. 그런 집에서 태양이 내리쬐는 앞마당은 늘 밝고 따뜻하지요. 그리고 일 년 내내 그늘이 지는 뒷마당은 늘 어둡고 서늘하구요. 그래서 공기의 흐름이 생겨서 대청에는 바람이 더욱 시원하게 지나갑니다.

뿐만 아니라 마루 밑은 비어 있기 때문에, 그곳에서도 마루의 틈으로 바람이 올라옵니다. 좁은 틈으로 들어오는 바람 역시 속도가 붙어 더욱 시원해지고요. 마루는 이렇듯 입체적인 바람의 흐름을 만들어 주는 놀라운 장치입니다.

대청 말고도 다양한 종류의 마루가 있어요. 방에 들어가기 전 밟

고 올라가거나 걸터앉을 수 있도록 문 앞에 달린 마루는 툇마루 혹은 쪽마루인데요, 툇마루는 벽과 기둥 사이에 있는 마루이고, 쪽마루는 방 안으로 출입을 편리하게 하기 위해 벽에서부터 쏙 내밀어 만든 작은 마루입니다.

  그리고 누마루는 일반적인 서민의 집에서는 흔하지 않은 무척 귀한 마루입니다. 방보다 바닥이 올라간 높직한 마루로, 그 가장 자리에 난간을 둘러 떨어지지 않고 팔을 기대어 편안히 앉을 수 있도록 만들지요. 보통 양반집에서는 사랑채에 달린 누마루에 주인이 앉아 집안 사정을 듣거나 손님맞이를 하게 됩니다.

뜰마루는 마루를 들일 수 없는 집 방문 앞에 놓인 평상을 말하는데, 옮기면서 사용할 수 있어 무척 편리합니다.

그리고 이름이 무척 특이한 '가막마루'라는 마루도 있어요. 이 마루는 대청이나 툇마루 등과 같이 마루의 위치나 모양을 가리키는 것이 아니에요. 옛날에 사랑방에서 지내는 신랑이 어른들 몰래 색시를 만나러 안채로 갈 수 있도록 만든 쪽마루를 '가만히 건너간다'는 의미로 가막마루로 불렀다고 해요.

대청

툇마루

쪽마루

누마루

뜰마루

마루가 멋진 집

　안동에 가면 병산서원이라는 유명한 곳이 있는데, '만대루'라고 누마루가 있어요. 마주 보이는 산을 넓은 화폭에 담은 듯 7칸이나 되는 아주 긴 누마루지요. 만대루는 마루가 집의 일부로 붙어 있는 것이 아니라 따로 떨어져 한 채의 집처럼 지어져 있지요.

　또 옥천에 가면 이지당이라는 서당이 있는데, 집의 양쪽 끝에 각기 다른 모양의 누마루가 달려 있어 무척 특이합니다. 이 서당은 조선 중기의 학자이며 임진왜란 때 의병을 일으켜 큰 공을 세우다 순국한 조헌 선생이 학생들을 가르치던 곳입니다.

이지당
건물의 좌우에 시원한 누마루가 있는 건물로, 조선 시대에 서당으로 사용되었다.

　이 서당은 경치 좋은 강과 언덕배기가 시원하게 내려다보이는 누마루를 둘이나 가지고 있어요. 양쪽 누마루는 약간 투박한 난간과 누마루를 받치는 기둥들 위에 세워져 무척 튼튼하고 씩씩해 보이지요. 사다리처럼 생긴 계단을 통해 올라가면 허리를 펼 수 없을 것처럼 천장이 낮아서 엉거주춤 서 있거나 앉아야 합니다. 마치 높은 곳에서 내려다보지만 절대로 긴장을 늦추거나 자세를 흐트리지 말라고 조헌 선생이 주의를 주는 것 같아요.

　이렇게 마루는 제사 같은 행사를 치르는 엄숙한 곳이기도 하고, 호젓하게 자연에 한발 다가서서 보고 즐길 수 있게 해 주는 편안한 곳이기도 합니다. 또한 마루는 다른 나라에는 없는, 한옥에서만 볼 수 있는 멋있는 공간입니다. 여러분도 한옥에 가면 마루에 올라앉아 마루 결을 살짝 어루만져 보기도 하고, 등을 기대고 누워 집 사이를 오가는 바람을 한번 느껴 보세요.

마루가 시원한 집 **57**

6. 창과 문이 환한 집

참 대단한 한옥의 창

 몇 년 전 나는 사방의 벽이 온통 유리로 되어 있는 사무실에서 일한 적이 있어요. 유리창 너머 동서남북으로 시원하게 밖이 내다보이는 대신, 창이 열리지 않게 되어 있어서 바람이 통하지 않아 무척 답답했어요. 또 유리가 얇다 보니 햇빛 때문에 여름엔 덥고 겨울엔 정말 추웠지요. 사무실이라 커튼을 달자니 별로 어울리지 않고, 블라인드는 햇빛은 막을 수 있겠지만 추위나 더위를 막기에는 조금 부족했지요.
 도대체 어떻게 해야 덜 덥고 덜 춥게 지낼 수 있을까 한참 고민

창호지를 바른
한옥의 창과 문이다.

하다가, 한옥의 한지 창에서 아이디어를 얻었어요. 유리창 안쪽에 햇빛을 가리고 찬 기운을 막는 덧창을 만들기로 한 것이죠.

우선 덧창의 틀은 나무로 만들기로 했어요. 네모난 긴 나무를 여러 개 목재소에서 사다가 사무실 창의 크기에 맞게 잘라 붙여서 커다란 틀을 만들었습니다. 그리고 한지에 풀을 먹여서 그 위에 발랐습니다. 한지란 손으로 떠서 만든 우리나라 전래의 종이를 말해요. 보통 '조선종이'라고도 하는데, 닥나무 껍질로 만들어 질기고 매끄러운 성질을 가지고 있어서 창호지에서부터 가구에 이르기까지 다양하게 사용되지요.

풀을 먹이느라 물기에 젖어 처음엔 우글쭈글하던 종이가 마르니 '탱' 소리가 날 만큼 팽팽해졌어요. 그렇게 만들어진 한지 덧창을 유리창에 끼우니, 기대 이상으로 효과가 아주 좋았어요. 눈부시

게 쏟아지던 햇빛은 한지를 거치며 무척 은은하고 부드러운 빛으로 바뀌었고, 바깥에서 전달되던 찬 기운과 더운 기운이 모두 한풀 꺾였습니다. 손가락 하나로 뚫리는 종이가 실은 엄청난 힘을 갖고 있었던 것이죠.

한지 중에서도 특히 창이나 문에 달았던 종이를 창호지라고 해요. 우리나라 문은 창호지를 안쪽에서 붙입니다. 그런데 일본의 문은 창호지를 밖에서 붙여요. 그래서 우리나라 문은 방 안에서 보면 하얀 종이가 보이고 아름다운 문살의 모양은 밖에서 감상할 수 있죠. 반대로 일본의 문은 오히려 방 안에서 문살의 모양이 보이구요. 뭔가 비슷하면서도 많이 다르죠?

우리나라 문은 창호지를 안에서 바를 때 문틀까지 모조리 덮어 버려서, 방 안의 벽과 문이 온통 하얗게 보이도록 하기도 해요.

심지어 그 문들은 눈에 안 보이게 사라지기도 합니다. 문틀만 남긴 채 문이 벽 속으로 들어가기도 하고 벽 위에 매달리기도 하지요. 문 하나만 보아도 우리나라 옛사람들의 훌륭한 솜씨를 엿볼 수 있습니다.

창일까, 문일까?

　한옥의 벽을 꾸며 주는 것은 대부분 창과 문입니다. 창과 문을 합쳐 '창호'라고 불러요. 창호는 집 안팎으로 사람도 드나들고 공기도 통하고 빛도 들어오도록 건물 벽에 만든 일종의 구멍이라 할 수 있어요. 창은 바람과 빛이 들어오는 통로이고, 호나 문은 사람이 드나드는 통로라고 볼 수 있지요.

　요즘의 집들은 창과 문을 확실하게 구분할 수 있어요. 보통 나무나 철문으로 만들어진 방문이나 현관문에 비해 바깥을 내다보는 용도의 창문은 대부분 플라스틱이나 알루미늄으로 만들어진 창틀에 유리를 끼워 만든 것이죠. 그런데 한옥에서 창과 문의 구분은 좀 애매해요.

한옥에는 창과 문의 기능이 합쳐져서 창인지 문인지 구분하기가 애매할 때가 있다.

한옥에서 보면, 방과 대청 사이, 방과 방 사이의 문에는 문틀만 있고 문턱이 별로 높지 않아요. 그런데 방에서 마당으로 나가는 툇마루로 이어지는 문(혹은 창)은 문턱이 높아 거기에 팔을 걸치고 기댈 수 있게 되어 있죠. 이럴 경우는 창인지 문인지 구분하기 쉽지 않고, 창과 문의 기능이 합쳐졌다고 봐야 할 것 같아요.

요즘은 창문을 가리킬 때 거실 창, 안방 창 이런 식으로 부르지 별도의 이름이 붙어 있지는 않아요. 그런데 예전에는 창의 모양이나 위치, 기능에 따라 다양한 이름이 있었어요. 예를 들어 벽의 가장 높은 곳에 걸려있는 들창이나 빛을 받아들이는 영창이 있어요. '자다가 봉창 두드린다'는 속담에 나오는 봉창은 환기를 목적으로 한 열리지 않는 창이에요.

종이 대신 얇은 비단으로 만들어 바람이 통하게 만든 '사창'이라는 것도 있는데, 요즘으로 치면 촘촘한 모기장을 댄 창인 셈이지요.

열리지 않는 봉창

눈꼽째기창은 창문을 눈곱만 하게 만들었다고 붙인 이름인데, 추운 겨울에 창문을 열면 찬바람이 마구 들어오므로 창문 전체를 열지 않고 살짝 바깥을 내다볼 수 있게 만든 작은 창이에요. 어찌 보면 인터폰 역할을 하는 거죠.

벼락닫이창은 창문을 위로 들어올려서 받침대를 받쳐 놓는 창이에요. 받침대를 빼면 창문이 '벼락같이 닫힌다'고 이런 재미있는 이름이 붙었어요.

문 가운데 사각형이나 팔각형의 살창을 내고 얇은 종이를 붙여 그 부분으로만 불빛이 들어오도록 하는 창은 '불발기창'이라고 합니다. 불발기창으로 들어오는 은은한 빛이 방 안으로 스며드는 모습도 참 예쁘지요.

아름다운 문살

문살 모양에 따라 다양한 종류의 문이 있습니다. 한옥의 문살 중 가장 많이 볼 수 있는 '세살'은 일정한 간격으로 세로 살이 이어지고, 가로 살은 문의 윗부분과 아랫부분에 붙어 있어요. '정(井)자살', '만(卍)자살' 같은 것은 한자 글자와 비슷한 모양이라 붙여진 이름이에요. 가장 기본이 되는 정자살 무늬는 살대가 서로 직각으로 짜여 문 전체가 네모 칸으로 가득한 모양이에요. '용자살'은 살대들이 만드는 네모 칸이 보다 큼직해서 한자 '용(用)자'와 비슷해서 그렇게 부르고, 주로 사랑방에 달려 있어요. 살대 모양이 한자 '아(亞) 자'와 비슷한 것은 '아자살'인데, 안방이나 건넌방의 마당 쪽으로 난 문에 많이 쓰이는 무늬예요.

문살 중에 특별한 모양은 꽃무늬가 조각된 '꽃창살'인데요, 주로 사찰에서 많이

세살문

정자살문

용자살문

아자살문

볼 수 있어요. 가장 유명하고 오래된 꽃창살은 전라북도 부안의 내소사에 있는데 어떻게 이렇게 아름답게 만들었을까 싶을 정도로 정교합니다. 여러분도 혹시 오래된 절에 들를 일이 있다면 부처님이 계신 불당의 문이 어떤 무늬로 되어 있을지 꼭 한번 눈여겨보길 바래요.

내소사 꽃창살문

그리고 들어열개문, 혹은 분합문이라 불리는 문도 있는데, 마루나 방 앞에 설치하여 접어 열 수 있게 만든 큰 문이에요. 마루의 윗부분에 걸쇠를 달아 문을 걸어 올리면 벽이 없는 것처럼 보이고 여름에 무척 시원한 방으로 쓸 수 있게 되지요.

분합문은 열어서 위로 걸 수 있다.

다양한 문의 모양을 한곳에서 보고 싶다면 창덕궁 안에 왕이 일반 양반집의 생활을 체험하고자 만들었다는 연경당이라는 집에 가 보면 돼요. 그 연경당 사랑채를 정면에서 바라보면, 벽과 기둥 사이가 대부분 창호로 이루어져 있어요. 창살들의 모양이 정자살, 띠살, 만자살 등 무척 다양한데, 그것들이 지붕의 기와선과 묘하게 어울리지요.

대전에 있는 제월당이라는 집도 마루는 전부 열 수 있는 문과 창으로 되어 있고, 방이 있는 부분은 창으로만 되어 있어요. 그리고 다락에는 당판문이 달려 있어요. 나무판으로 만든 문을 '판문'이라고 하는데, 특히 나무로 문틀을 짠 다음에 안쪽에 얇은 판자를 대서 막은 것을 당판문이라고 해요. 제월당의 당판문이 무척 큼지막하고 귀여워서 익살스럽게까지 느껴집니다.

제월당의 익살맞은 당판문

한옥은 문이 접히고 벽에 붙거나 매달리는 과정을 통해 움직임을 얻게 됩니다. 한옥의 벽은 단순히 막힌 벽이 아니라 열리고 연결되면서 방과 방, 방과 바깥이 자연스럽게 이어지지요.

이제 여러분도 한옥에 가면 어디가 창이고, 어디가 문인지, 사랑채의 문과 안채의 문은 어떻게 다른지 한번 찾아보고 비교해 볼 수 있겠지요? 우리가 마치 글자를 배우면서 하얀 바탕에 새겨진 검은 무늬가 어떤 의미를 갖는지 알아 가듯, 한옥의 창과 문 또한 한옥의 공간을 이해하는 기호가 되어 줄 것입니다.

> 쉬어 가는 집

처마는 뭐고 추녀는 무엇일까?

한옥에는 여러 부분들이 짜임새 있게 모여 있어요.
한옥의 구조와 각 부분의 이름을 알면
한옥을 더 잘 이해할 수 있어요.

❶ **용마루** : 지붕의 가장 위쪽에 있는 수평 마루
❷ **기와** : 지붕을 덮는 데에 쓰는 흙을 구워 만든 것
❸ **처마** : 지붕이 벽과 기둥 밖으로 나와 있는 부분

❹ **추녀** : 지붕의 귀퉁이에 있는 네모지고 끝이 번쩍 들린 처마
❺ **서까래** : 지붕을 받치는 갈비살처럼 뼈대를 이루는 나무
❻ **도리** : 서까래를 받치기 위하여 기둥 위에 건너지르는 나무

❼ **기둥** : 주춧돌 위에 세워 지붕을 받치는 나무
❽ **주련** : 기둥이나 벽 따위에 장식으로 써서 붙이는 글귀
❾ **주춧돌** : 나무 기둥이 썩지 않도록 기둥 밑에 받쳐 놓은 돌
❿ **기단** : 집터를 반듯하게 다듬은 다음에 터보다 한 층 높게 쌓은 단

7. 여자를 위한 집

허삼둘은 힘이 세다

경상남도 함양에 가면 '허삼둘가옥'이라는 재미있는 이름의 집이 있습니다. 보통 집을 가리킬 때 가장 어른이 되는 분의 이름을 따르곤 하는데, 이 집은 좀 다릅니다. 삼둘이라는 재미난 이름의 주인공은 바로 이 집의 아내였습니다. 허삼둘은 어느 부잣집 딸이었는데, 지금으로부터 백여 년 전인 1918년 윤대홍이라는 사람과 결혼하고 함께 집을 지었어요. 집에 부인의 이름을 붙인 걸 보면, 아마도 집안에서 부인이 남편보다 좀더 '힘이 셌던' 것 아닌가 짐작해 봅니다.

허삼둘가옥 허삼둘은 안주인의 이름으로, 부엌이 안채의 중심에 자리 잡고 있다.

　신기한 일이죠? 여러분도 가끔 사극 드라마나 역사책에서 본 적이 있을 거예요. 옛날, 특히 조선 시대에는 '남존여비'라고 해서 남자를 존중하고 여자를 그 아래로 보았다고 이야기해요. 물론 요즘은 남녀가 모두 평등하고 차별을 받지 않아야 한다는 게 상식이지만, 과거에는 그렇지가 못했다고들 알고 있지요. 그런데 사실은 조선 시대에 처음부터 남자와 여자의 관계가 그렇게 일방적인 것만은 아니었다고 해요.

　여러분도 제사나 차례를 지내기 위해 큰집(아버지의 큰형의 집)에 가본 경험이 있을 거예요. 혹은 여러분의 아버지께서 큰아들이라

할아버지나 증조부의 제사를 지낸 걸 본 적이 있을지도 모릅니다. 그렇게 대부분의 제사를 맏아들이 맡고, 그런 것을 대를 잇는다고들 하죠.

그런데 조선 시대 초기에는 아들딸 구분 없이 돌아가면서 제사를 지냈다고 해요. 재산도 형제자매들끼리 골고루 나눠 가졌답니다. 그리고 남자가 결혼할 때 '장가간다'는 말이 있죠? 여기서 장가란 신부의 집에 가는 것을 말하는데, 그냥 다녀오는 게 아니라 실제로 결혼을 하게 될 때 큰아들은 '장가들어' 처가에 가서 살았다고 해요. 대신 둘째 아들이 부모님을 모시고 살았고요. 어째 우리가 그동안 알고 있던 상식과는 무척 동떨어진 이야기죠?

조선 시대에 임진왜란과 병자호란이라는 두 번의 큰 전쟁을 겪으며 나라가 무척 혼란스러워집니다. 그런 사회 분위기를 바로잡기 위해 학자와 정치가들이 성리학의 예법을 강조하면서, 안타깝게도 여성의 역할을 많이 제한했다고 합니다.

그래서인지 허삼둘가옥이 더욱 특별하게 느껴집니다. 조선 시대의 양반집이나 부잣집에서는 대부분 남자들의 공간인 사랑채가 중심이 되는 경우가 많았어요. 찾아오는 손님도 많고 집안의 어른이신 아버지나 아들이 머무는 공간이기 때문이지요. 그런데 허삼둘가옥에서 제일 중요한 곳은 안채입니다. 게다가 'ㄱ'자 모양의 안채 한가운데에 커다란 부엌이 있어요. 다른 집들은 안채에서도 대청이나 방이 중요한데, 이 집의 안주인인 허삼둘 씨는 역시 부엌을 가장 중요하게 생각한 모양이에요.

'ㄱ' 자 모양의 꺾어지는 부분으로 부엌으로 들어가는 입구가 나 있는데, 다른 한옥에서는 찾아보기 힘든 특별한 모습이에요. 이 집을 보면 한옥이 사는 사람에 맞추어 잘 계획해서 지었다는 것을 실감할 수 있어요.

요즘은 각자 방에서 주로 지내며 스마트폰으로 인터넷이나 방송 프로그램을 보는 경우가 많아, 전처럼 거실에 온 가족이 모이는 경우가 드물어졌어요. 오히려 가족들이 모여 식사를 하는 식당, 그리고 살림을 하는 부엌이 가장 중요한 곳이 되었습니다.

그래서 요즘 짓는 집들은 부엌의 크기가 점점 커지고 있어요. 그러고 보면 이미 백여 년 전에 지어진 허삼둘가옥은 무척 시대를 앞서간 집일지도 모르겠습니다.

시어머니와 며느리가 마주 보며 똑같이

여자의 입장을 배려한 집들을 좀 더 둘러볼까요? 전라북도 정읍에 가면 '김동수가옥'이라는 집이 있어요. 여기서 김동수 씨는 남자분이에요. 원래 이 집을 지은 사람은 김동수 씨의 6대조인 김명관이란 분인데, 이 집이 문화재로 지정될 당시 김동수 씨가 주인이어서 그렇게 이름을 붙였대요.

김동수가옥은 100여 칸에 달하는 무척 큰 부잣집이었는데, 이 집도 안채가 무척 특이해요. 가운데 대청을 중심으로 양쪽에 방과 부엌, 곳간(창고)이 이어지는 모양이 완벽한 대칭이에요. 마주 보며 똑같이 만들어진 두 공간은 각각 시어머니와 며느리가 사는 곳이에요. 집의 살림살이를 책임지는 시어머니가 일정한 시간이 지난 후 며느리에게 안방을 물려주는 것이 일반적인 풍습이었지만 지방마다 모두 그런 것은 아니었어요. 경기도나 충청도, 전라도 등 옛 백제권의 일부 지방에서는 며느리를 위해 안채에 따로 부엌을 두는 집이 많았지요.

김동수가옥의 경우에는 왼쪽의 시어머니 영역과 오른쪽의 며느리 영역이 마치 그림을 그리고 반을 접어 찍어 낸 것처럼 똑같아요. 차별 없이 시어머니와 며느리의 살림을 똑같이 만들어 준 것을 보면 이 집안의 가풍이 무척 공정했던 모양이에요. 그리고 남자들

 의 사랑채처럼, 안방의 뒷문과 담을 하나 사이에 둔 곳에 안사랑채가 따로 있어요. 시집간 딸이 아이를 낳을 때나 여자 친척들이 놀러 올 때 안사랑채를 사용합니다. 안사랑채가 있는 걸 보면 여자들의 입장을 섬세하게 배려해 준 것이 드러납니다.

　이렇듯 우리 옛집들을 가만히 살펴보면 집안에서 누가 가장 중요한 사람이었나, 가족들 중 누구의 입김이 셌나, 이런 것들을 알게 되는 재미가 있습니다.

안채를 높이 지은 집

여러분은 조선 시대가 저물어 갈 무렵 대한제국이라는 이름을 가졌던 것을 알고 있나요? 그 마지막 황제인 순종황제의 황후 윤씨가 황후가 되기 전까지 살았던 집이 있어요. 원래는 서울 종로구 옥인동에 있는데, 그 모양과 집의 구성이 무척 특이해서 남산 한옥마을에 똑같이 만들어 놓기도 했어요. 옥인동 집은 너무 낡고 오래되고 개인이 살고 있어 들어가 볼 수 없지만, 남산 한옥마을의 집은 들어가 볼 수 있어요.

해평 부원군 윤택영의 딸인 순정효황후 윤씨는 1906년 12월, 13세의 나이로 황태자비로 책봉되고, 이듬해인 1907년 순종의 즉위로 황후가 된 분이에요. 그 황후가 태어난 곳이 '윤비친가'로 불리는 집이죠.

원래 계곡을 끼고 경사가 있는 언덕 위에 돌계단을 쌓고 반듯한 돌 축대 위에 화재 위험을 방지하는 돌로 된 방화벽을 두른 'ㅁ'자 모양의 집이에요. 즉 동쪽에는 대문이 있고 안쪽 반대편에 너른 안채가 있고 그 사이에 부엌과 나머지 방들이 주렁주렁 달려 있죠.

특이한 것은 보통 한옥에는 대문 바로 옆에 행랑채라고 해서 일하는 사람들이 머무는 방들이 붙어 있는데, 이 집에는 사랑채가 집의 동남쪽 모서리에 달려 있어요. 사실은 이 자리가 동네를 내려다

윤비친가
남산 한옥마을에 있는
윤비친가는
왕비가 나온 집답게
안채가 높이 지어졌다.

볼 수 있는 경치 좋은 전망을 가졌기 때문이지요. 그렇지만 사랑채를 문간채에 붙어 있는 곳에 낮은 지붕 아래 만들고, 반대편으로 지붕이 높게 덩실 솟아오른 부분이 안채인 것은 무척 신기한데요, 그래서인지 이 집안에서 왕비가 나오게 되었어요. 이 집안의 내력을 보면 대대로 여자들은 성격이 씩씩하고 남자들은 섬세한 성격이었다고 해요. 집안의 건물을 봐도 사랑채는 낮고 오밀조밀 섬세하고, 안채는 높고 씩씩하고 널찍해요. 집을 보면서 집안 사람들의 성격까지 읽을 수 있다니, 한옥은 들여다볼수록 참 많은 이야기를 우리에게 들려주는 것 같아요.

8. 오래된 살림집

큰집의 큰집의 큰집

매일 반복되는 우리의 생활을 '일상'이라고 해요. 먹고, 자고, 놀고, 가족과 서로 마음을 나누는 우리의 일상이 담기는 곳이 바로 집입니다. 그렇기에 집은 정말 편안하고, 편리한 곳이어야 하겠지요. 그런데 그런 일상의 집과는 조금 다르게 지은 집이 있어요. 설날이나 추석, 혹은 집안 어른의 제삿날에 큰집에 가서 차례나 제사를 지내거나 지내는 모습을 본 적이 있을 거예요. 친척분들과 그 자손들이 한데 모이는 큰집에는 큰 마루나 거실이 있고, 부엌에서는 어머니들이 전을 부치고 엄청나게 많은 음식을 하지요. 그리고 여러 개의 제사상을 길게 펴서 모두 모여 차례로 절을 하구요. 그래서 큰집은 그야말로 우리 집보다 크기와 넓이가 무척 큰 집이지요.

그런데 그 큰집의 큰집의 큰집이라고 해야 할까요, 그런 집이 있어요. 한 집안에서 맏아들로만 이어진 가장 웃어른의 집을 '종가'라고 부른다고 앞서 말했었죠? 그 종가가 대대로 사용해 온 집을 '종갓집', 혹은 '종택'이라고 부르죠.

제사를 큰아들이 물려받는 제도는 사실 그렇게 오래 전부터가 아니라 조선 중기부터 이어진 것인데요, 종가에서 조상의 제사를 지내고 집안을 대표하면서, 가족과 친족을 하나로 만드는 중심 역할을 하게 되죠. 종가는 그런 특별한 지위와 책임 때문에 그 집안에서 가장 존경을 받습니다. 혹 종가에 문제가 생기거나 어려워지면 온 집안이 나서서 돕고, 자손이 없을 때에는 양자를 들여서라도 가문을 잇게 합니다.

그래서 종갓집들은 마치 타임캡슐처럼 몇 백 년 동안 전해지는 그 집안의 정신과 이야기를 담고 있어요. 예전만큼 많지는 않아도 아직까지 여전히 많은 지역에서 종가를 볼 수 있어요.

옛 모습을 간직한 마을

　사람들이 모여 마을을 이루어 살기에 적당한 조건으로 흔히 '배산임수'라고 해서 산을 등지고 앞으로 물이 흐르는 곳을 이야기합니다. 경상북도 영천에서 포항 쪽으로 가다 보면, 경주시에 속해 있는 양동마을이란 곳이 있어요. 오랜 세월 사람들이 터를 잡고 잘 살아온 양동마을은, 산에 기댄 골짜기와 구릉이 안강평야를 바라보며 오므린 손등같이 자연스럽게 뻗어내린 곳에 있어요. 그 안에는 잘 지은 살림집들이 등성이와 골짜기에 하나씩 들어차 있어요. 규모가 큰 기와집은 구릉에 자리를 잡고 규모가 작은 집이나 초가집들은 골짜기에 모여 있습니다.

　예전에는 한 마을에 같은 성씨를 쓰는 집안사람들이 모여 사는 경우가 종종 있었는데, 그런 마을을 '집성촌'이라고 해요. 양동마을도 비슷한데, 특이하게도 여강 이씨와 월성 손씨 집안이 함께 대를 이어 모여 살고 있는 마을입니다.

　양동마을이 지금의 모습을 갖추기 시작한 것은 고려 말 조선 초 무렵이라고 해요. 고려 말에 여강 이씨 이광호라는 사람이 살고 있었는데, 풍덕 유씨 유복하라는 사람이 그의 손녀에게 장가들어 왔어요. 그 당시

풍속에 따라 유복하는 이 동네에 '장가'를 들어 정착을 했고, 무남독녀 외동딸을 월성 손씨 손소와 결혼을 시켜요. 그리고 처가의 재산을 물려받고 이곳에 정착한 손소가 바로 양동마을 월성 손씨의 첫 조상이 됩니다.

마치 성경에서 '누구의 아들이 누구를 낳고…….' 하는 식의 전설 같은 이야기처럼 들리죠? 다시 손소는 이광호의 5대 종손 여강 이씨 이번과 고명딸을 결혼시켜 이 마을에 살게 합니다. 여강 이씨와 월성 손씨는 그때부터 지금까지 때로는 협조하고 때로는 경쟁하며 함께 마을을 지키며 살고 있어요.

오백 년이 넘은 살림집

　서백당(書百堂)은 양동마을 월성 손씨 집안의 종택이에요. 손소가 세조 때 사람이니 이 집은 우리가 아는 살림집 중 맹사성이 살았던 아산의 맹씨행단 다음으로 오래된 집이라 할 수 있어요. 전해지는 말로는 성종 15년에 지어졌으니 1454년, 지금으로부터 560여 년 전에 지은 집입니다. 사실 맹씨행단은 지금 살림집으로 쓰이지 않고 있고, 더군다나 집의 일부만 전해지므로, 서백당을 가장 오래된 살림집이라고 불러도 될 것 같아요.

　들자 하니 임진왜란 이전에 지어진 옛집 중에서 지금까지 남아 있는 한옥이 몇 채 안된다고 해요. 서백당은 오래되거나 불편하다거나 해서 비워 두지 않고, 아직도 자손들이 살면서 마루 닦고, 마당 쓸고, 사랑마루 난간에 기대 앉아 손님을 맞이하는 집이니 참 소중한 집이에요.

　서백당의 이름은 '참을 인(忍) 자를 백 번 써라' 하는 뜻을 담고 있다고 해요. 단순하면서도 감히 함부로 대할 수 없는 위엄이 느껴지죠? 종가라고 해서 집이 지나치게 크거나 복잡하거나 하지도 않고, 단순한 'ㅁ' 자 모양이고, 그 모서리 부분에 사랑채가 있어요.

　보통 종가나 옛집을 방문하면 무척 조심스럽고 어려운 부분이 있는데, 서백당은 그런 면에서 사람의 마음을 무척 편안하게 해 주는 집이에요. 나는 몇 년 전 여름, 한창 더운 날에 서백당을 찾아갔던 적이 있어요.

대문을 들어설 때 어둑한 문 안으로 그림 같은 풍경이 보이기 시작해요. 밑에서부터 흙마당 위로 투박하지만 무척 다양한 돌들로 쌓아 놓은 단정한 석축이 보이고, 곧게 올라간 누마루의 깔끔한 난간이 보입니다. 그리고 사선으로 활달하게 뻗어 있는 서까래와 굵직한 기둥이 보이고 향나무와 사당도 눈에 들어옵니다. 그 외에도 이루 헤아릴 수 없는 한옥의 많은 요소들이 우리 앞에 펼쳐져요.

그 중에서도 서백당의 난간은 내가 무척 좋아하는 부분이에요. 화려하게 다듬은 난간이 아니라 나무토막을 대충대충 손 가는 대로 붙여 나간 것 같은 모양인데도, 그것이 어떤 자신감의 표현처럼 느껴지거든요. 그 대범한 듯 섬세한 난간들이 빛의 각도에 따라 조화를 부려서 마루에 새겨지는 다양한 기하학적 문양은 정말 아름답지요. 나는 심지어 그것이 조선 시대 문화의 추상성과 단순함이 가지는 아름다움이 드러나는 풍경이라고 생각해요.

내가 서백당에 간 날, 마침 집 안의 어떤 젊은이가 결혼을 했는지 색시와 함께 고운 한복을 입고 인사를 다니느라 집 안이 시끌시끌했어요. 집 안에 사람들이 모여서 즐겁게 이야기를 하고 있는데 불쑥 찾아든 것이 미안했어요. 되도록 방해하지 않는 걸음으로 살

서백당의 난간
어둑한 대문을 통해 집 안으로 들어가면 그림 같은 풍경과 함께 서백당의 난간이 나타난다.

서백당의 향나무 집과 함께 나이를 먹어 오백 살이 훌쩍 넘었다.

금살금 집 구경을 하면서 사당으로 가는 마당에 있는 향나무 앞에서 언뜻언뜻 들리는 다정한 소리를 듣고 있었어요. 그런데 마침 사랑채로 나오던 그 집 종손으로 보이는 분이 먼저 우리에게 인사를 건넸습니다. 그분이 바로 지금의 월성 손씨 종손이라고 했는데, 우리는 마당에 서서 누마루에 앉은 그를 살짝 올려다보며 이야기를 나누었어요.

그때 사람을 내리누르는 높이가 아니라 적당한 위엄을 가지며 받아주는 따뜻함이 느껴지는 그 사랑채의 위치와 각도가 인상적이었어요. 다른 일반적인 종가가 가지고 있는 높이와 넓이를 가지고 있으면서도 전혀 사람을 주눅 들게 하지 않더군요.

　엄숙함과 평온함이 공존하는 집. 그러나 만만하지 않은 집. 아마도 그것이 서백당이 오랫동안 지켜 온 가풍이 이루어 낸 모습일 것입니다. 평이함 속에 고귀함을 담고 있으나 절대 남에게 그 고귀함을 강요하지 않는 않는 듯했어요. 서백당에서 세상의 모든 복잡한 일들이 차분하게 가라앉는 듯한 편안함을 느낄 수 있었지요. 그것

이 바로 우리나라 사람들이 대를 이어 오래도록 전해 온 일상과 정신의 힘이 아닐까 생각합니다. 서백당을 보면서 우리가 본받아야 할 좋은 집의 모습을 다시 한 번 생각해 보게 됩니다.

9. 궁궐과 살림집

백성은 아흔아홉 칸까지

앞서 큰 학자는 세 칸의 집이면 충분히 만족한다고 했습니다만, 모든 사람들이 그런 소박한 마음을 가진 것은 아니었어요. 요즘도 집의 크기를 가지고 지위나 재산을 자랑하려는 사람들이 있지요? 집을 가진 사람들은 집의 크기나 위치에 따라 일정한 세금을 내고 있는데요, 호화주택이라고 해서 너무 큰 규모나 아주 큰 수영장을 지은 집 등은 세금을 더 많이 내야 합니다.

집을 넓고 크게 지어 자기의 능력을 과시하려는 경향은 조선 시대에도 예외는 아니었어요. 『조선왕조실록』에 따르면 조선의 세 번

째 임금인 태종 때에 이미 모든 백성들의 집의 칸수를 계산하여 매 칸마다 세금을 받도록 하라는 지시가 있었습니다. 혹시 100칸 집은 임금만이 지을 수 있었다는 이야기를 들은 적이 있나요? 일반 백성이 지을 수 있는 집의 최대 규모는 99칸이었다고 흔히들 알려져 있습니다.

실제로 조선 시대에는 신분에 따라 지을 수 있는 집의 규모를 정해 준 법이 있었어요. 왕의 친아들, 친형제와 공주는 50칸 이내로 짓도록 하고, 왕비의 적자인 대군은 여기에 10칸을 더해서 60칸까지 허락합니다.

대신들은 그 직급에 따라 2품 이상은 40칸, 3품 이하는 30칸으로 하고, 서민은 10칸을 넘지 못하게 했어요. 지위별로 규모의 차이가 꽤 많이 나긴 하지요? 또 기둥을 받치는 주춧돌을 제외하고, 집에 석공이 다듬은 돌을 쓰지 못하게 했어요. 또한 화려한 장식을 하지 못하게 했고요.

집의 규모를 법으로 자세하게 제한한 것을 보면 왕족이나 양반들이 집을 크게 지었다가 걸리는 경우가 흔했던 모양이에요. 집을 크게 짓는 걸 왜 굳이 문제 삼았냐면, 큰 집을 지으려면 넓은 땅을 확보해야 하니 서민들이 사는 집 여러 채를 허물어 버리는 경우도 있었고, 산의 나무를 많이 벌채해서 가뜩이나 부족한 자원을 낭비할까 봐 그랬다고 합니다.

임금님의 집, 궁궐

백성들의 집에는 제한이 있었지만 왕의 집, 즉 궁궐은 규모의 제한이 없었지요. '궁궐'이란 말은 왕과 그 가족들이 사는 큰 집을 말하는 '궁(宮)'과, 궁의 문 양쪽에 두었던 망루를 뜻하는 '궐(闕)'을 합친 거예요. 궁궐은 왕이 업무를 보는 영역과 일상생활을 위한 영역, 그리고 휴식을 위한 정원 등으로 구성됩니다. 보통 정사를 위한 건물들은 앞에, 생활을 위한 건물은 뒤에 배치하는 것이 원칙인데 중국이나 일본도 비슷했습니다.

조선 시대에 지어진 궁궐은 경복궁, 창덕궁, 창경궁, 덕수궁, 경희궁 등 5곳입니다. 경복궁은 조선 시대가 열리며, 1395년 태조 때

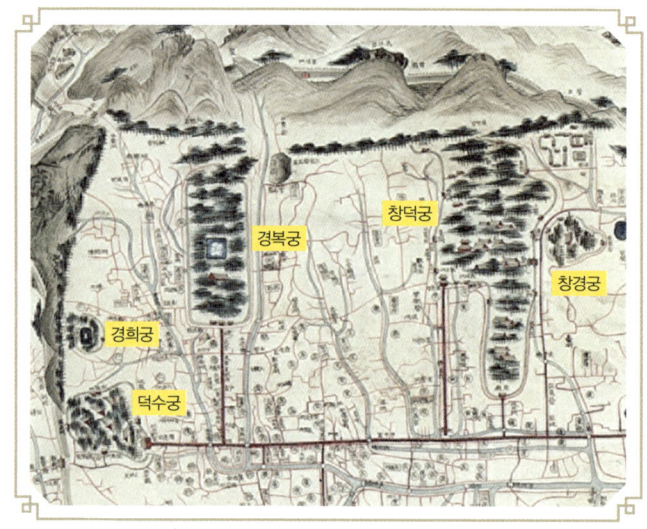

도성도
한양에는 경복궁, 창덕궁, 창경궁, 덕수궁, 경희궁 등 다섯 개의 궁궐이 있다.

경희궁의 정문인
흥화문

지어진 정궁입니다. 1592년 임진왜란으로 모두 불타 버려 1867년이 되어서야 재건됩니다. 창덕궁은 1405년 태종 때 지어진 궁으로 역시 임진왜란 때 불탔다가 1647년 다시 지어집니다. 창경궁은 세종이 생존한 상왕인 태종을 모시기 위해 지은 궁이고, 덕수궁(원래의 이름은 경운궁)은 임진왜란 이후 행궁으로 사용되다가 1897년 고종 때 정궁이 되었습니다. 경희궁은 광해군 때 세워진 궁궐입니다. 궁궐 대부분은 전쟁을 겪으며 불탔다가 복원된 이력이 있고, 이중 경희궁은 거의 훼손되어 명목상의 이름만 남은 상태입니다. 그렇게 된 데는 사정이 있어요.

일제 강점기에 일본은 여러 가지 방식으로 한국 사람과 한국 문화를 무기력하게 만들고 능멸했는데, 특히 임금이 살았던 곳이고 국가의 상징인 궁궐은 가장 중요한 표적이 되었죠. 대표적인 예가

동궐도 경복궁의 동쪽에 있는 창덕궁과 창경궁을 그린 그림이다.

창경궁이에요. 창경궁은 일제가 동물원으로 바꾸어 희한한 동물들과 다양한 놀 거리를 집어넣어 엉뚱하게 온 국민의 사랑을 받게 했지요. 내가 어릴 때 창경궁으로 소풍을 가거나 벚꽃놀이를 하곤 했는데 지금 생각하면 정말 어이없는 일이었죠.

일제는 경희궁을 파괴한 다음 학교를 만들었어요. 정문인 흥화문은 조선총독부가 1932년 장충단 건너편에 만든 박문사(博文寺)라는 절의 문으로 옮겨갔어요. 박문사는 조선에게 을사늑약을 강요하고 헤이그특사사건을 빌미로 고종을 강제로 퇴위시킨 일본의 정치가 이토 히로부미(이등박문)를 추모하기 위해 만든 절이었어요. 이후 해방이 되면서 박문사 자리에 신라호텔이 들어서면서 호텔의 정문이 되었다가 오랜 시간이 흐른 1994년 경희궁터에 돌아와 복원되었습니다.

조선의 정궁인 경복궁도 임진왜란 때 모두 불타 버려 270여 년만인 1867년 흥선대원군의 주도로 어렵게 다시 지어졌으나, 조선총독부가 1910년 궁궐을 가득 채우고 있던 509동 (6806칸)에 이르던 건물을 40여 동(857칸)만 남기고 모두 없애고 총독부 건물을 비롯한 서양식 돌 건물들을 지어 버렸어요. 우리가 지금 보고 있는 경복궁은 일제 강점기 때 지어진 근대 건축물들을 철거하고 1991년부터 조금씩 복원해 가고 있는 중이지요.

그에 비해 창덕궁은 조선 시대 궁궐 가운데에서 가장 원형이 잘 보존되어 있는 별궁입니다. 경복궁의 동쪽에 있다 하여 '동궐(東闕)'이라고도 부르는데, 역시 임진왜란 때 불에 타 버린 것을 1611년 중건했어요. 자연적인 지형을 잘 살려 건물을 배치한 데다, 원래 지어진 모습을 많이 보존하고 있고 또 정원이 아름다워 유네스코 세계문화유산으로 선정된 궁입니다.

백성처럼 살아 보는 집

나라에서 그토록 짓지 못하게 했던 100칸 집이 과연 어떤 모습이었을지 볼 수 있는 곳이 있습니다. 바로 창덕궁에 있는 연경당입니다. 임금님이 사대부의 생활을 경험하며 쉴 수 있도록 만든 집이에요.

연경당은 1828년에 지어진 120칸의 건물입니다. 당시 순조 임금의 세자(익종)가 아버지를 위해 건의해서 지었다는 설도 있는데, 어쨌든 당시 최고의 경지에 있던 기술자들이 동원되어 가장 아름다운 건물을 짓기 위해 노력했다고 해요.

궁 안에 있음에도 일반 사대부가의 형식을 빌려 단청도 없고 구성도 행랑채, 사랑채, 안채 등이 연결되는 구조로 되어 있지요. 벼슬이 높은 대신들이 수레나 사인교라 부르는 가마를 탄 채로 드나들기 위해 지붕을 번쩍 높인 대문을 솟을대문이라고 하는데, 연경당의 대문도 당연히 솟을대문이에요. 이 대문을 지나면 행랑채가 한 번 더 나오고 각각 사랑채와 안채로 통하는 출입문이 따로 나 있어요. 안으로 들어서면 정작 두 건물이 붙어 있어서 내부로 서로 드나들 수 있게 되어 있는데도 말이죠. 사랑채로 통하는 대문은 솟을대문인데, 안채로 통하는 문은 담과 높이가 같은 평대문이라, 조선 후기 당시 남녀 구분에 대한 사람들의 생각을 알 수 있어 조금

아쉽기도 하지요.

 사랑채 대문을 들어서면 아주 단정하고 품위가 있는 한옥을 만나게 됩니다. 바로 이 사랑채의 이름이 집 전체의 이름을 일컫는 연경당입니다. 정면 6칸, 측면 2칸, 뒷면 2칸으로 오른쪽 끝의 한 칸은 누마루로 되어 날렵하게 올라간 모습입니다. 사랑방은 보통 집 주인이 머무는 곳이고, 공부를 하거나 손님을 맞이하는 다양한 용도의 공간이지요.

 사랑채의 동쪽에는 책을 보관하는 독서당인 선향재와 정자가 있고, 안채는 10칸으로 대청과 방 등이 포함되어 있고, 별도의 부엌

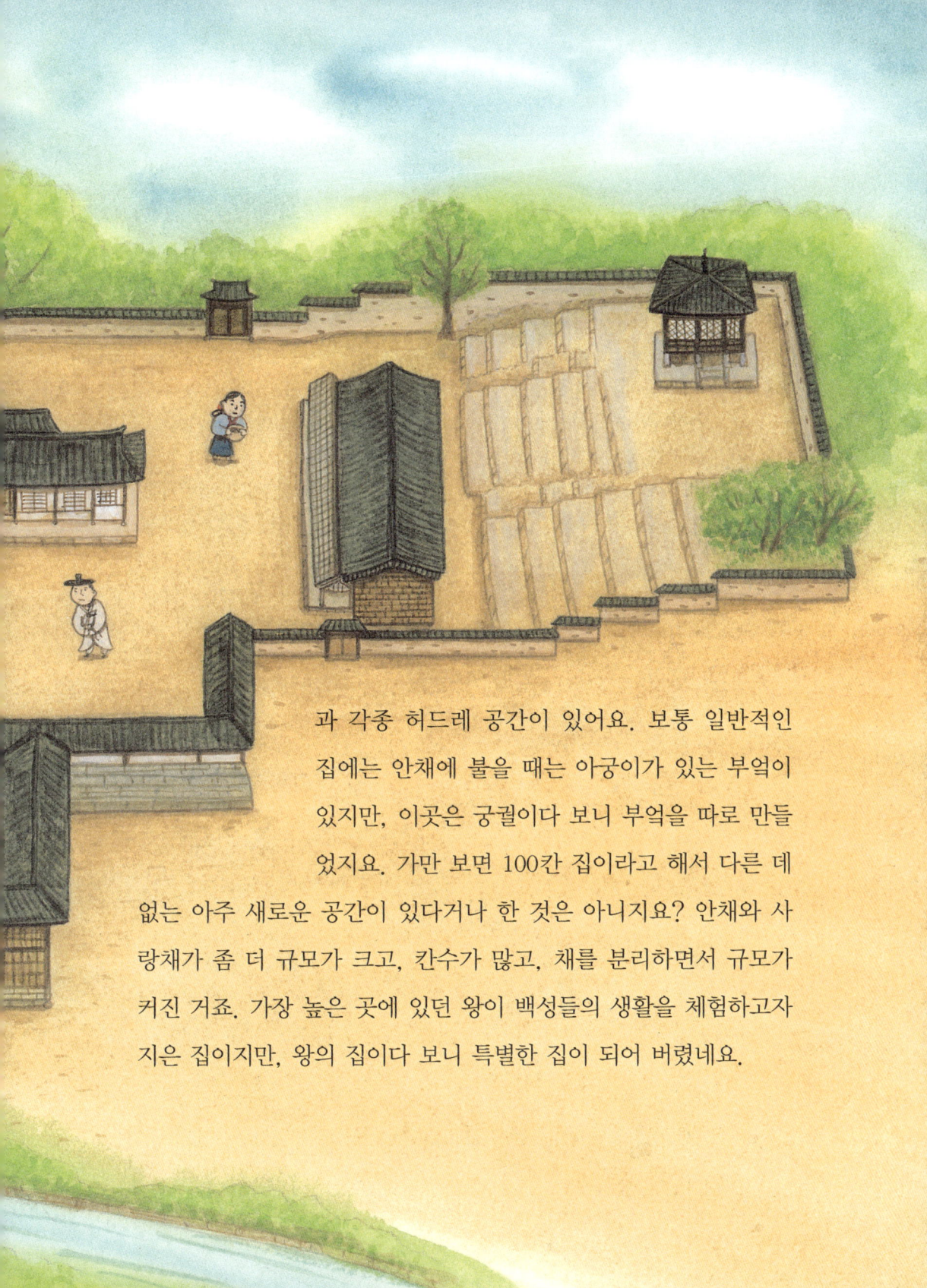

과 각종 허드레 공간이 있어요. 보통 일반적인 집에는 안채에 불을 때는 아궁이가 있는 부엌이 있지만, 이곳은 궁궐이다 보니 부엌을 따로 만들었지요. 가만 보면 100칸 집이라고 해서 다른 데 없는 아주 새로운 공간이 있다거나 한 것은 아니지요? 안채와 사랑채가 좀 더 규모가 크고, 칸수가 많고, 채를 분리하면서 규모가 커진 거죠. 가장 높은 곳에 있던 왕이 백성들의 생활을 체험하고자 지은 집이지만, 왕의 집이다 보니 특별한 집이 되어 버렸네요.

쉬어 가는 집

한옥은 어떻게 지을까?

조선 시대의 화가 김홍도가 그린 풍속화 「기와이기」라는 그림이에요. 이 그림을 보면 조선 시대에 어떻게 집을 지었는지 알 수 있어요.

그림에서는 기와를 이는 일꾼이 지붕 위에서 능숙하게 기와를 던지고 받으며 기와를 얹고 있고, 그 옆의 사람은 아래에서 뭉쳐 주는 흙덩이를 끌어올리려고 해요. 오른쪽에는 집주인이 붙어 서서 일꾼들이 일을 잘하고 있나 감시하고요. 가운데에는 집을 짓는 책임자인 목수가 추를 늘어뜨리고 기둥이 똑바로 세워졌는지 살펴보고 있어요.

한옥 짓는 순서를 살펴보아요

1. 무거운 돌이나 나무로 땅을 다져요.

2. 기둥을 세울 자리에 주춧돌을 놓아요.

3. 주춧돌 위에 기둥을 똑바로 세워요.

4. 기둥과 보, 도리 등을 연결해서 건물의 뼈대를 만들어요.

5. 지붕 위에 널빤지를 얹어서 진흙을 깔고 기와를 얹어요.

6. 기둥 사이에 가는 나무를 대고 흙을 발라 벽을 만들어요.

7. 방에는 온돌을 만들고 마루에는 나무판을 깔아요.

8. 한옥이 완성되었어요.

10. 신들이 사는 집

집에 사는 신

한옥이 현대의 집과 다른 점은 현대의 집이 보통 하나의 건물로 이루어지는데 비해 여러 채의 건물로 구성되어 있다는 것이죠. 우리들이 사는 집들을 보면 일단 현관을 통해 집 안으로 들어오면 거실을 중심으로 가족 각자의 방과 화장실, 부엌 등등이 다 내부에서 연결되어 있지요?

그런데 한옥은 앞서 살펴보았듯 일단 대문을 들어서면 마당이 있고, 마당을 둘러싸고 남자의 공간인 사랑채, 여자의 공간인 안채, 일하는 사람들의 공간인 행랑채, 곳간, 뒷간(화장실) 등이 따로 따로 나뉘어 있어요. 각자가 독립적인 공간이면서, 또 아주 자연스럽게 연결되어 있는 것도 참 신기해요.

옛사람들은 그 각각의 공간마다 의미를 두고 잘 가꾸었어요. 단순히 집을 청소하고 관리하는 정도가 아니라 집도 거의 하나의 인격체로 생각할 정도였지요. 집을 그냥 건물로만 생각한 것이 아니라 가족처럼 생각했다고나 할까요.

심지어 터를 잡고 집을 지을 때는 보이지 않거나 우리가 모르는 신들까지도 함께 모시고 사는 것이라고 생각했어요. 그 신은 한두 분이 아닌데요, 집의 운수를 관장하던 성주신, 핏줄을 만들어 주신 조상신, 아이를 만들어 주시고 키워 주시는 삼신, 부엌 부뚜막 위에서 불을 관장하고 부엌의 여러 가지를 관장하는 조왕신, 집터를 관장하는 터주신, 뒷마당을 관장하고 장독을 관장하고 나아가서 조미료까지 관장하는 천룡신, 우물을 관장하는 용왕신, 재물을 관장하는 업신, 화장실을 관장하는 뒷간신 등이 있다고 생각했어요.

성주신은 옥황상제의 제자였다가 글을 잘못 써서 지하 땅으로 귀양을 가게 되었다고 해요. 오래도록 땅속에서 있다가 경상도 안동에 있는 제비원에서 소나무 씨앗으로 나오게 되었고, 씨앗이 소나무로 자라 집으로 만들어졌대요. 땅의 사악한 기운을 누르는 터주신은 키가 50척이 넘고 큰 귀에 작은 눈, 코는 빈대코, 손은 조막손이며 발은 마당발이었다고 해요. 제 생각에 제일 무서운 신은

뒷간신, 말하자면 화장실을 지키는 신이에요. 뒷간신은 젊고 신경질적인 각시신인데 쉰대 자나 되는 긴 머리를 무척 사랑해서 매일 한 올 한 올 세고 있다고 해요. 만약 사람이 기척 없이 뒷간에 들이닥치면 여태껏 세던 머리카락 수를 잊어버려서 앙심을 품고 큰 해코지를 한다는 거예요. 그러니 뒷간에 갈 때는 꼭 노크를 하는 게 좋겠죠?

집이 들어서는 곳인 땅은 기운을 품고 움직이는 용의 한 부분이고, 그 위에는 다양한 신들이 살고 있고, 그 아래에 사람들이 살고 있었다고 보는 거지요. 아마도 사람들이 집을 함부로 짓지 않고, 짓더라도 일정한 원칙을 갖고 짓고, 살면서도 땅과 신들의 기운을 거스르지 말고 조심조심 살라는 이야기였을 겁니다.

신줏단지 모시듯

그러다 보니 집을 짓고 살아가는 것과 관련한 속담이나 금기 같은 것들도 참 많아요. 가령 '문지방을 밟지 말라'는 말이 있지요? 문지방을 밟으면 문의 신이 화가 나서 집을 나가 버린다는 말도 있고 사람에게 해코지를 한다는 말도 있어요. 사실은 예전에는 문지방이 지금보다 높았기 때문에 밟았다가 넘어질까 봐 조심하라는 의미도 있고요, 문지방을 밟으면 문틀이 뒤틀려 나중에 문이 잘 닫히지 않을까 봐 예방 차원에서 한 이야기일 수도 있어요.

집에 관련된 재미있는 속담 중에 '자다가 봉창 두드린다'는 말도 있습니다. 봉창은 흙으로 된 벽에 만든 작은 창을 말하는데, 햇빛을 받고 바람이 통하도록 하기 위하여 벽을 뚫어서 작은 구멍을 내고 창틀이 없이 안쪽으로 종이를 바른 창이에요. 부엌이나 헛간의 봉창은 통풍이 되도록 종이를 바르지 않기도 했는데, 아무튼 봉창은 창틀이 없으니 열 수가 없어요. 그러니 자다가 잠결에 봉창을 두드린다는 것은 열리지도 않는 창을 열려고 한다는, 상황에 맞지 않는 헛소리가 되겠죠?

무언가를 무척 소중히 다룰 때 '신줏단지 모시듯 한다'는 말이 있어요. 여기서 '신줏단지'는 신주와 단지를 합한 말인데, 조상의 신령을 모시는 단지를 말해요. 자손들이 작은 단지에 곡식을 담아 한지로 덮어 묶어서 안방의 시렁(물건을 얹어 두는 선반) 위에 놓고는 조상신께 집안의 안녕을 빌었어요.

임금님의 조상을 모신 집

삼국 시대에도 하늘과 산천에 제사하고 시조묘를 세워 시조신에 대한 제사를 했던 것을 보면 우리나라 사람들이 아주 옛날부터 조상을 모시는 것을 무척 중요하게 생각했던 것을 알 수 있어요. 고려를 거쳐 조선 시대에 들어와서는 종묘 제도의 틀을 갖추어 조상신을 숭배하는 것을 새로운 통치 이념으로 삼기도 했어요. 양반집의 가장 높고 중요한 곳에 조상신의 위패를 모시는 사당을 짓고 정성을 다해 제사를 지내곤 했어요.

조상신을 모신 가장 대표적인 집은 역시 왕들의 신주를 모신 종묘일 거예요. 고려 시대 이전에는 불교가 국교였기 때문에 제사를 주로 절에서 지냈는데, 유교가 들어오는 고려 말, 조선 초 무렵부

종묘에서 제례를
지내는 모습이다.

터 왕가와 지배 계층을 중심으로 직접 집에서 제사를 지내는 일이 점점 많아졌어요.

유교의 이념에서는 나라의 수도에 왕이 머무는 궁궐과, 조상을 받들고 효경을 숭상한다는 의미의 종묘와, 토지의 신과 곡식의 신에게 제사를 지내는 사직을 무척 중요하게 생각했어요. 그래서 고대 중국부터 왕이 도읍을 정하면 궁전 왼편에 종묘를 세우고 오른편에 사직을 세우게 했지요. 조선의 태조 또한 왕조의 정통성을 세우기 위해 경복궁보다 먼저 종묘를 세웠고, 임진왜란 이후에도 불타 버린 궁궐보다 먼저 종묘를 다시 세우게 돼요. 조선 왕실의 제례 문화를 이어온 종묘는 그 가치를 인정받아 유네스코가 세계문화유산으로 지정하기도 했지요.

종묘 정문에 보면 가운데로 들어가는 신도가 있는데 왕도 드나들 수 없는 신(조상)만을 위한 길입니다. 그 옆길을 따라 안으로 들어서면 월대라고 부르는, 행사나 의식을 치르기 위해 만든 단이 나와요. 그 단은 가로 109미터 세로 69미터나 되며 촘촘히 돌이 깔려 있는데, 여기서 유명한 종묘 제례악을 연주해요.

그리고 정전과 영녕전과 부속 건물로 이루어진 단순한 구조의 왕가의 사당을 만나게 됩니다. 역대 왕과 왕후가 돌아가시면 그 신주를 일단 정전에 봉안했다가 공덕이 높은 왕을 제외한 신주는 일정한 때가 지나면 영녕전으로 옮겨 모셨어요.

길고 긴 집

처음 종묘가 창건될 때는 7칸으로 지었어요.

그런데 나중에 19칸으로 길어지게 된 것은 정전을 새로 짓지 않고 기존의 건물에 이어서 지어 나갔기 때문이에요. 정전의 신실은 제1실에 태조의 신주가 봉안되어 있고, 고대의 예법에 따라 서쪽부터 동쪽으로 차츰 늘어났습니다. 영녕전은 태조 이전의 4대 조상(목조, 익조, 도조, 환조)을 중앙에 모시고 양쪽으로 늘려 나갔어요. 정전은 19칸의 방들이 모두 지붕 높이가 똑같지만 영녕전은 가운데 4칸의 지붕이 더 높지요.

종묘는 요즘 지어지는 현대식 건물처럼 높지는 않지만, 그 앞에 서면 주변을 압도해 버리는 힘이 느껴져요. 모든 소리와 풍경이 멈춘 듯, 지평선을 온통 덮어 버린 길고 긴 건물을 보면, 대체 저 건물의 길이가 얼마인가 가늠해 보겠다는 생각은 사라져 버리죠. 한눈에 들어오지 않고 아득한 그 느낌은 아마도 사람이 느낄 수 있는 축척에서 벗어난 건물의 길이 때문일 거예요. 마치 움직이고 있지만 그 움직임이 무척 커서 우리가 알아챌 수 없는, 지구의 자전 혹은 우주의 운행과도 같이 종묘는 감히 우리가 헤아릴 수 없는 다른 세상을 보여 줍니다.

무한히 긴 집, 종묘는 영혼이 사는 집이고 신이 사는 집입니다.

11. 공부하는 집

조선 시대의 대학, 서원

조선 시대는 사농공상이라고 선비, 농부, 장인, 상인 등 신분의 구별은 있었어요. 하지만 노비만 아니라면 과거에 급제하면 벼슬길에 나갈 수 있었기 때문에, 누구나 여건만 된다면 공부를 하고 싶어 했어요.

그런데 혹시 우리나라에서 점심을 먹기 시작한 것이 언제부터였는지 알고 있나요?

'점심(點心)'이란 본래 배고픔을 요기하며 마음에 점을 찍는다는 뜻이었는데, 우리가 점심을 먹기 시작한 것은 고려 말부터였대요.

그 전까지는 하루에 두 끼를 먹던 것이 농사 기술의 발달과 그 밖의 생활 여건이 좋아지면서 세 끼로 늘어났던 것이죠.

살림살이에 여유가 생기자 사람들은 자연스럽게 자식들의 공부에 신경을 쓰게 되었고, 여러 가지 교육 기관을 통해 지식을 익힌 사람들, '사대부'라고 부르는 계층이 생겨납니다. 사대부는 초야에서 공부를 하며 자신을 수련하는 '사(士)'와 벼슬에 나가 세상과 사람을 다스리는 '대부(大夫)'를 합성한 말입니다. 혼란해진 고려 말기에 등장한 그들은 정치적인 입장을 적극적으로 표명하며 기울어 가던 고려 대신 새로운 나라, 조선의 건국을 뒷받침하게 되었어요.

교육 기관들 중에서 조선 시대에 가장 중요했던 곳이 바로 '서원'입니다. 서원이 생기기 이전에도 향교나 성균관 등 이를테면 공립 학교 격의 교육

소과응시도 김홍도의 그림 「평생도」 중 과거 시험을 보는 그림이다.

시설들이 있었어요. 그에 비해 서원은 사립 학교의 성격을 가진 곳이고, 지금으로 치면 대학 정도로, 사회에 혹은 관직에 나오기 직전의 교육 기관이라고 할 수 있어요.

 서원은 교육의 기능뿐만 아니라 조상에 대한 제사의 기능도 수행하던 곳이었어요. 성리학을 체계화한 주자를 큰 스승으로 섬기며, 안향에서 시작되어 이색과 정몽주를 거쳐 김종직, 이황으로 이어지는 한국 성리학의 학맥을 잇고 후학을 양성하는 것을 목표로 하는 학교였지요.

소박해서 좋은 소수서원

여러분이 앞으로 국사 시간에 배우게 되겠지만, 최초의 서원은 '소수서원'이라는 곳이에요. 주세붕이라는 사람이 풍기 지역의 군수를 지낼 때 우리나라에 성리학을 들여온 안향을 모시는 사당을 먼저 만들었어요. 그리고 1년 후에 주자가 세웠다는 백록동서원을 본받아 '백운동서원'이라는 사립 학교를 만든 것이 서원의 시작이었습니다. 이후 그 서원은 퇴계 이황의 적극적인 노력으로 당시의 왕인 명종으로부터 '소수서원'이라는 이름을 받게 되죠.

서원에는 스승과 제자가 모여 수업을 하는 강당인 '명륜당', 학생들의 기숙사인 '동재'와 '서재', 도서관 기능의 '장서각' 등이 있어요. 동재는 먼저 입학한 선배들이, 서재는 후배들이 머무는 공간이에요.

하늘에서 내려다본 소수서원의 모습이다.

소수서원보다 나중에 지어진 많은 서원들은 산을 끼고 높은 곳에 앉아서 커다란 누각을 앞세워 근엄하고 질서 있는 모습으로 위세를 자랑하지요. 그런데 최초의 서원인 소수서원은 그에 비해 무척 소박하고 자유로운 분위기를 느끼게 해서 더 친근합니다.

대문을 들어서면 한가운데 커다란 건물의 옆모습이 보이는데, 바로 명륜당이에요. 그 양 옆으로 건물들이 여기저기 놓여 있는데, 어찌 보면 사람의 흐름과 자연의 흐름이 자연스럽게 어울리도록 만든 것이 아닌가 싶을 정도로 조화를 이루고 있어요.

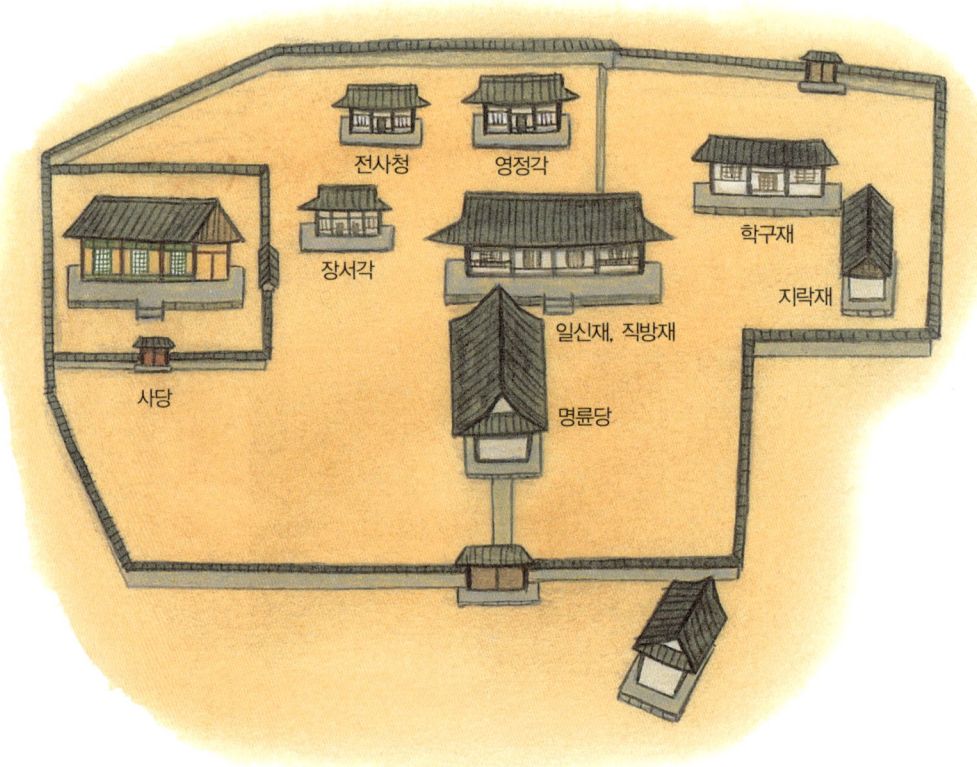

특히 내가 좋아하는 집은 명륜당을 끼고 오른쪽으로 들어서면 보이는 두 채의 작은 건물이에요. 학생들을 위한 집인데, 하나는 '학구재'이고 다른 하나는 '지락재'라는 이름이 붙어 있어요. 칸수로 보면 둘 다 세 칸짜리 아주 작은 집인데, 지락재는 마루가 오른쪽으로 두 칸이, 학구재는 마루가 가운데 한 칸이 있어요.

지락재의 두 칸 마루에는 마당이 연장되어 담장 너머 아름다운 계곡으로 이어지고 풍성한 숲의 초록색이 한 가득 담겨 있어요. 엄숙한 학문의 공간이라기보다는 마치 개인의 공간처럼 아늑하고 포근한 느낌을 주는 집이지요.

서원을 둘러보고 나오다 보면, 주세붕이 계곡 맞은편 바위에 '경(敬)'이라고 붉은색으로 크게 새긴 글자를 볼 수 있습니다. 그 위에는 조금 작은 글씨로 '백운동'이라고 이황이 새긴 글씨가 보이는데, 주세붕이 새긴 후 나중에 쓴 글씨입니다. 그리 넓지 않은 바위에 먼저 새긴 사람은 적당한 여백을 남겨 나중에 오는 사람을 배려했고, 다음 사람은 앞서 새겨진 글씨와 균형을 맞추고 조화를 이루려는 마음을 담았던 것 같아요. 두 학자가 시간의 간격을 두고 새긴 글씨는 소수서원에 담긴, 서로 배려하고 존경하는 마음을 보여 주는 듯해서 무척 흐뭇합니다.

반듯한 병산서원과 오순도순 도산서원

이후 서원은 무척 널리 퍼지게 됩니다. 그중 퇴계 이황을 모신 도산서원과 서애 유성룡을 모신 병산서원이 무척 유명해요. 특히 병산서원은 누구나 한국 건축 중에서도 가장 아름다운 풍경을 가진 건물로 손꼽는 곳입니다. 안동에서 하회마을 쪽으로 들어가다 꺾어지는 좁은 길을 들어가다 보면, 강을 마주하며 운치 있게 자리 잡고 앉아 있는 병산서원이 나와요.

서원으로 들어갈 때 처음 만나는 곳은 복례문(復禮門)이에요. 병

하늘에서 병산서원을 내려다본 모습이다.

산서원을 지은 사람은 유성룡의 제자 우복 정경세라는 사람이에요. 그는 예를 받드는 학문인 예학의 대가였으니, 글자 그대로 '예로 돌아가는 문'이라는 이름이 무척 어울리지요. 정경세는 무척 바쁜 학자이자 정치가였던 유성룡의 몇 안 되는 제자였어요. 유성룡은 영의정까지 오르며 늘 정계의 중심에 머물러 있었으니 아마도 제자를 많이 키울 시간이 없었을 겁니다.

그가 상주에 잠시 부임했을 때 그 동네에서 수재로 꼽히는 정경세를 만나 제자로 삼았던 거죠. 그 인연으로 정경세는 스승을 공경하는 마음으로 섬기며 정성을 다했는데, 옳고 그름, 앞과 뒤, 많고 적음을 반듯하게 가리는 '예'가 상징하듯, 병산서원은 의관을 단정히 차려입은 선비처럼 반듯하고 엄격한 모습입니다.

한편 이황이 직접 지은 도산서당을 포함하는 도산서원은 병산서원과는 또 다른 모습입니다. 이황은 진리에 이르기 위해서는 늘 겸손하고 삼가는 자세를 지녀야 한다고 생각했지요. 그래서인지 이황의 서당은 작지만 겸손하고 조용하며 경건합니다.

도산서당과 제자들의 숙소인 농운정사, 역락서재의 배치는 서로 가까우면서도 건물 사이에 별다른 긴장이 없이 느슨하게 이어져 있어요.

특히 도산서당과 농운정사는 거리와 위치는 가까우면서도 서로 바라보는 시야는 각자 어느 정도 독립성을 가지고 있습니다. 그래

정선이 그린
도산서원의 모습이다.

서인지 공간들끼리 지나치게 억누르지 않고 조곤조곤 이야기하는 듯한 느낌을 받게 됩니다.

　도산서원은 앞에서 바라보면 그저 산 아래 좌우로 펼쳐진 건물들이 단순하게 모여 있는 것 같습니다. 그러나 안으로 들어서면 산의 능선을 타고 차례로 놓인 깊은 공간이 느껴져요. 도산서원은 그렇게 이황의 학문에 대한 자세와 제자를 대하는 방식이 반영된 건축입니다.

다만 안타깝게도 모든 서원이 그렇게 훌륭한 정신을 담고 지어진 것은 아니었어요. 서원이 너무 많이 생기고 비리도 많아 그 폐단을 여러 차례 지적받게 되었죠. 영조 시절 대대적인 서원 정비에 들어가 이백여 서원을 철폐했으나 그래도 칠백여 서원이나 남아 있었어요. 마침내 고종대에 이르러 흥선대원군이 '서원철폐'라는 이름으로 서원이 가진 일체의 특권을 거두어들이고, 도동서원, 병산서원, 도산서원 등을 포함하여 중요한 마흔일곱 곳의 서원만 남기고 모두 없애 버렸어요.

그래도 훌륭한 생각과 반듯한 정신을 가졌던 선비들의 생각과 가르침을 남아 있는 서원을 통해 만나 볼 수 있으니 불행 중 다행이라고 해야 할까요?

12. 집 밖의 집

자연이 좋은 곳에 지은 집

집이 하루의 일과를 마치고 느긋하게 쉴 수 있는 곳이 되면 가장 좋은데, 우리는 직장에서 일감을 가져오기도 하고, 학생들은 학교나 학원에서 돌아와서도 다시 공부나 숙제를 하느라 집에서 제대로 쉬지 못하는 경우가 많습니다. 그래서 일부러 도서관에 가서 늦게까지 공부를 하기도 하고, 혹은 주말에 따로 교외로 놀러 나가서 머무는 주말 주택을 만들기도 하지요.

옛사람들 또한 집에서 살림도 하고 제사도 지내고 공부도 하고 손님맞이도 하곤 했지만, 집과 가까우면서도 자연이 좋은 곳에 별도의 휴식의 공간을 만들었어요. 그곳에서 방해를 받지 않고 공부를 하거나 책을 읽고, 시를 쓰고, 친구와 벗하여 차나 술을 함께하는 자리를 마련하곤 했습니다.

그렇게 살림집과 그리 멀지 않은 곳에 지어 놓은 작은 별채를 별서라고 해요. 별장과 달리 본가와 아주 떨어져 있지는 않고, 정자와 달리 그저 쉬는 장소만이 아니라 어느 정도 살림을 하는 곳이기에 방이 있고 온돌이 깔려 있기도 합니다. 여기서 머물며 쉬기만 하지 않고 농사를 짓는 등 생산적인 활동을 하기도 했어요.

별서를 보고 싶다면 담양을 가 보기를 권합니다. 전남 광주에서 담양 방향, 무등산 북쪽으로 가다 보면 광주댐이 나오고, 마치 비단 이불처럼 부드럽고 푸근하게 흘러가는 풍경을 지나게 되지요. 그러다 보면 군데군데 숨어 있는 보물 같은 집들을 만나게 됩니다. 명옥헌, 송강정, 면앙정, 취가정, 소쇄원, 환벽당 등, 광주

정선 「염계상련」, 옛사람들은 경치가 좋은 곳에서 쉬면서 자연을 즐겼다.

와 담양 일대에 박혀 있는 별서들은 한군데도 그냥 스쳐갈 수 없는 아름다운 자연과 집과 거기에 더해 문학적인 향기가 짙게 배어 있는 곳들이에요.

별서들은 때로는 언덕 위에 한 채만 덩그러니 있는 경우도 있고, 담을 두르고 살림집처럼 여러 채의 집으로 이루어진 경우도 있고, 지은 사람의 취지와 성향에 따라 다양한 모습을 보여 주고 있습니다.

그 중에서 가장 유명한 곳은 조선 최고의 정원으로 불리는 소쇄원입니다. 소쇄원은 조선 시대 중종 대에 양산보라는 사람이 정치의 뜻을 꺾고 고향으로 내려와 평생에 걸쳐 만든 별서와 정원인데요, 몇 백 년 동안 자손들이 잘 지켜 내려온 곳입니다.

자연과 조화로운 소쇄원

　소쇄원이 있는 곳은 무등산의 한 자락이면서 창평의 너른 들을 향하고 있어 예부터 경제적으로 유복한 사람들이 많이 살았습니다. 양산보 또한 무등산을 앞에 두고 한 줄기 비단처럼 흘러내리는 자미탄을 바라보며, 깊지는 않으나 조금 들어가면 속세와 마냥 인연을 끊어 버릴 듯 적막한 자리에 정원을 하나 만들고, 그 의도와 과정을 기록하여 남겨 놓았습니다. 그리고 소쇄원을 후손들이 대대로 잘 보존하며 지켜내려 왔지요. 나무 한 그루, 주춧돌 하나,

소쇄원 자연스럽게 꾸며진 한국의 대표적인 정원이다.

계곡의 바위 하나까지 일일이 꼼꼼하게 계획해서 만든 것이지만 자연스럽게 기존의 자연과 조화를 이루며 만들어졌다는 것은 무척 놀랄 만한 일입니다.

소쇄원은 울창한 대나무 숲에서 시작합니다. 그 숲에 들어서면 멀리 가운데를 가르고 지나가는 담이 보이는데, 담을 보며 따라 들어가면 왼쪽으로 펼쳐지는 소쇄원 계곡과 건물들이 보입니다. 그리고 숲을 지나자마자 바로 왼편에 나무로 된 다리가 있습니다.

제주도에서 온 장인들이 쌓았다는 높지 않은 담이 소쇄원의 내부를 흘러갑니다. 그 담을 외부로 돌든 내부로 돌든 결국 한곳에서 만나는데, 작은 계곡을 지나고 계단을 올라 소쇄원의 안채라 볼 수 있는 제월당에서 만나게 됩니다. 담을 따라 내려가면 너머로 소쇄원의 정점이라고 볼 수 있는 광풍각을 만나게 됩니다. 그 마당 바로 아래에는 깊지는 않지만 무척 드라마틱한 경관을 만들고 있는 계곡이 펼쳐집니다. 거기서 조금 더 나가면 처음 들어올 때 입구에서 보았던 나무 다리가 나오며 소쇄원을 순환하는 짧지 않은 여정이 끝나게 됩니다.

정철과 식영정

　나는 대학에 다니던 시절에 처음 소쇄원을 찾아갔어요. 오늘날처럼 휴대폰 지도 앱이나 네비게이션이 쉽게 길을 찾아 주던 시절이 아니었기에, 고속버스를 타고 광주 터미널에서 내려 다시 시내버스를 여러 번 갈아타며 가야 했어요. 버스 기사에게 어디서 내려야 하냐고 물어 보자, 식영정은 알아도 소쇄원은 잘 모르겠다며 아마도 근처일 것이라며 식영정 앞에 내려 주었습니다.

　세상의 녹색은 모두 몸을 숨긴 겨울의 한가운데, 사방이 마치 오래된 흑백 영화처럼 하얗게 펼쳐졌습니다. 눈앞에는 너른 들녘과 마른 가지들이 부숭부숭 얹혀 있는 나지막한 동산들이 수없이 이어지고 있었지요. 사람은 하나도 보이지 않고 바람만 세차게 불고 있었는데, 정신을 차리고 둘러보니 바로 앞에 조그만 안내판이 하나 있더군요.

　그 안내판에 식영정은 송강 정철이 「관동별곡」을 지은 장소라고 씌어 있었습니다. 송강 정철이라는 이름은 고등학교 교과서에 나오는 「관동별곡」을 통해 알고 있었어요. 「사미인곡」, 「관동별곡」뿐 아니라 대부분의 송강가사(정철이 지은 시조와 가사를 모아 엮은 책)가 내용도 내용이지만 그 소리끼리의 아름다운 조화와 생동감 있는 운율이 무척 아름다워요. 듣고 감상하기도 전에 벌써 입안에서 굴

려지는 맛으로 남다른 작품들입니다.

송강 정철은 이곳 담양 창평의 너른 들에서 자란 사람이라고 할 수 있어요. 원래부터 이곳 출신은 아니고, 1536년 서울 청운동에서 태어났어요. 그의 집안은 무척 유복한 명문가로, 그의 누이가 인종의 후궁이어서 위세가 대단했다고 합니다.

그러나 정철이 열 살이 되던 해에 일어난 을사사화로 집안이 몰락하여, 그는 아버지를 따라 유배지를 전전하는 신세가 되었습니다. 정치 세력 간의 다툼이 치열했던 조선 시대에는 그렇게 방금까지 세도를 부리던 사람이 유배를 가거나 심지어 역적으로 죽임을 당하고 가족이 노비가 되거나 하는 경우가 참 많았어요. 오늘날 같으면 상상할 수도 없는 일이죠?

정철이 열여섯 살이 되었을 때 아버지는 사면되었으나 서울로 가지 않고 담양에서 머물게 되었다고 해요. 그해 여름에 정철은 순천에 있는 형을 만나러 길을 가다, 날이 더워서 오늘날의 식영정 앞 자미탄이라는 강에서 목욕을 하고 있었대요.

그때 식영정 건너편에는 환벽당이라는 별서가 있었어요. 그곳에는 나주목사를 사직하고 고향으로 내려와 세월을 보내고 있던 김윤제라는 선비가 살고 있었어요. 김윤제가 낮잠을 자는데, 꿈에서 환벽당 아래 용소에서 용이 노니는 것을 봅니다. 잠에서 깨어난 김윤제는 꿈이 묘하다며 사람을 시켜 혹시 용소에 누가 있는지 보고 오라고 했지요. 그렇게 해서 정철을 만나게 된 김윤제는 한눈에 비범한 인물임을 알고 그를 맞아들여 제자로 삼아 공부를 시킵니다.

그 당시 창평 주변에는 당시의 호남을 대표하는 학자와 문인들이 살고 있었고, 정철은 그들에게 시를 배우고 학문을 배우며 십 년을 보냅니다. 말하자면 최고의 선생들께 과외 수업을 받은 셈이죠. 그는 마침내 과거에 급제하여 화려하게 서울에 돌아와요. 정철이 급제했을 때 어린 시절 친구처럼 지냈던 당시의 임금 명종이 축하연을 베풀어 주기까지 했다고 하네요.

엇던 디날 손이 성산의 머물면서
하서당 식영정 주인아 내 말 듯소.
인생 세간(世間)의 됴흔 일 하건마난
엇디 한 강산을 가디록 나이너겨
적막 산중의 들고 아니 나시난고…….

이렇게 시작되는 「성산별곡」은 정철이 스물 다섯 살 때 식영정에 머물며 지은 것으로, 식영정의 주인이며 스승이기도 한 임억령에게 바치는 글이에요.

그림자가 쉬는 정자

　식영정은 정면 두 칸, 측면 두 칸의 아주 작은 집입니다. 자미탄이 훤히 내려다보는 높은 언덕에 있지만, 밖에서는 그 집이 잘 보이지 않아요. 보통 정자를 경치 좋은 언덕에 세워 근처 어디에서건 잘 보이도록 하는데 이 집은 좀 달라요. 경치가 좋다고 너무 나서지 않고 절묘하게 한 발 뒤로 물러섬으로써, 밖에 드러나지 않으면서도 좋은 경치를 즐기는 겸손한 집이라 할 수 있어요.

　식영정을 가기 위해서는 계단 길을 한참 올라가야 해요. 그런데 난간도 없는 그 계단은 뱀처럼 구불구불해서, 경사가 완만한 대신 절대로 빠르게 오르내릴 수 없게 되어 있어요. 집도, 거기로 이르는 길도 급하게 오르지 말고 여유를 가지라고 말하는 듯합니다.

식영정
송강 정철이 「관동별곡」을 지은 장소로, '그림자도 쉬는 정자'라는 뜻이다.

식영정이라는 이름은 '그림자가 쉬는 정자'라는 뜻을 가지고 있어요. 임억령은 「식영정기」라는 글에서 『장자』의 「제물」편에 나오는 이야기를 들려주며 집의 의미를 풀이해 줍니다.

옛날에 자기 그림자를 두려워하는 사람이 있었다. 그가 해 아래를 달리는데, 그가 그림자를 없애려고 급하게 달리면 달릴수록 그림자가 끝내 없어지지 않았다. 그러다 나무 그늘 아래로 나아감에 미처 그림자가 홀연 보이지 않더라……. (중략) 내가 시원하게 바람을 타고, 조물주와 더불어 무리가 되어서 궁벽한 시골의 들판에서 노닐 적에 거꾸로 비친 그림자도 없어질 것이며, 사람이 보고도 지적할 수 없을 것이니 이름을 '식영(息影)'이라 함이 또한 좋지 않겠는가?

여기서 그림자는 사람을 얽어매는 욕망이고, 식영정은 자연과 더불어 유유자적하며 그런 욕망을 끊겠다는 생각을 담은 집입니다. 이처럼 별서는 세상살이의 복잡함과 괴로움을 잠시 벗어나 우리를 따라다니는 '그림자'를 잠시 거두고 쉬는 곳이라 하겠습니다.

옛사람들처럼 별서를 지을 수는 없겠지만, 우리 또한 힘들고 쉬고 싶을 때 가서 머물 수 있는 공간을 가질 수 있으면 좋겠다는 생각이 듭니다. 다행히 현대에는 개인의 공간은 아니더라도 극장이나 미술관, 공원 같은 공공의 휴식 공간들이 많이 생겨나 그런 바람을 조금은 채워 주고 있지 않나 싶어요.

쉬어 가는 집

재료에 따라 한옥의 이름이 달라져요

한옥이라고 하면 흔히 기와집을 떠올려요. 요즈음 쉽게 찾아볼 수 있는 한옥이 기와집이기 때문이지요. 기와집은 지붕을 기와로 인 집이에요. 한옥은 지붕과 벽을 만드는 재료에 따라 이름이 달라져요.

초가집

초가집은 볏짚으로 지붕을 올린 집으로, 서민들이 주로 살던 집이에요. 볏짚은 훌륭한 건축 재료예요. 구하기 쉽고 가벼운 데다 열을 차단하는 단열재 역할을 해서 여름에는 뜨거운 햇볕을 가려 주고 겨울에는 찬 공기를 막아 준답니다.

기와집

기와는 진흙으로 판을 만들어 구운 거예요. 다른 지붕재료들처럼 집에서 직접 만들기 힘든 값비싼 재료예요. 또 기와는 무겁기 때문에 기와집을 지으려면 집의 뼈대도 튼튼하게 만들어야 해요. 하지만 한번 기와를 올려 놓으면 초가 지붕처럼 자주 갈아 줄 필요가 없지요.

너와집

너와집은 나무로 판자를 만들어 기와처럼 지붕에 올린 집이에요. 볏짚을 구하기 힘든 산간 마을에서는 주변에서 쉽게 구할 수 있는 나무를 이용해서 지붕을 만들었어요.

굴피집

굴피나무·상수리나무·삼나무 등의 두꺼운 나무껍질로 지붕을 인 집이에요. 나무껍질은 건조한 날에는 쪼그라들어 하늘이 보일 정도로 틈이 생기고 비가 오면 퉁퉁 불어 비가 집 안으로 스며들지 않아요.

13. 우리 시대의 한옥

문화재가 된 한옥, 새로워지는 한옥

우리가 지금까지 살펴본 집들은 몇 백 년 전 옛사람들이 살았던 한옥의 원래 모습을 간직한, 말하자면 문화재에 속하거나 문화재에 가까운 건물들이에요. 그런데 한옥은 그렇게 보존 가치가 있다며 나라에서 보호해 주는 집들만 있는 것이 아니에요. 오랫동안 사람들이 살면서 조금씩 고쳐 온, 말하자면 한옥의 뼈대에 현대의 생활에 맞게 고쳐진 집들도 있어요. 한옥의 원래 모습과는 달라졌지만 현대에 짓는 집들과는 또 다른 그런 집들이지요.

그런 집들을 많이 볼 수 있는 곳이 서울 종로구의 가회동 일대,

이른바 '북촌'이라 불리는 지역이에요. 경복궁과 창덕궁 사이, 예전부터 사대부들이 많이 살았고 그들이 살던 기와집 자리에 다시 작은 집들이 지어져 마을을 이루고 있는 곳이지요. 옛 서울 도성 안쪽에 있다 보니 그 골목길들 중에는 만들어진 지 몇 백 년이 된 길들이 여전히 남아 있는 참 소중한 곳이에요.

하지만 한옥의 부엌이라든가 화장실 같은 구조는 요즘의 집보다 훨씬 불편해서 사람들이 한옥을 부수고 집을 새로 짓는 일이 자꾸 생겨났어요. 그래서 몇 년 전부터 나라에서 북촌의 한옥을 보존하기 위해 한옥을 고쳐서 살려 내는 사람들에게 경제적으로 도움을 주기 시작했어요. 그러다 보니 잊고 있었던 한옥의 장점들이 부각되었고, 최근에는 아예 한옥마을을 새로 만드는 일을 지원하기 위해 '국가한옥센터'라는 기관도 생겨났죠.

북촌 한옥마을

우리 시대의 한옥 **135**

그래서 나라에서도 '한옥'을 구체적으로 다시 정의하기 시작했어요. 제도에서 정하는 한옥이란 '주요 구조가 기둥·보 및 한식 지붕틀로 된 목구조로서 우리나라 전통 양식이 반영된 건축물 및 그 부속 건축물을 말한다'고 해요. 그런데 어찌 보면 그런 기준은 한옥의 겉모습만을 보고 만든 것 같아 아쉬움이 남습니다.

　한옥과 관련한 이러한 움직임에 드는 의문은, 한옥이라는 형식이 과연 이 시대의 삶을 담을 수 있는가 하는 부분이에요. 사실 한

옥에는 고정된 틀이 없어요. 한옥을 포함해서 집이란 사는 사람이 자신의 몸에 맞게 손보고 고치며 다듬어 가는 공간이기 때문이죠. 예전에는 한옥을 지을 때 동네 큰집, 작은집, 몇 집 이웃이 모여서 품앗이하며 멀리서 불러온 대목과 여러 '장이'들과 직접 손으로 나무를 재단하고 마름질하고 켜고 다듬어 가며 소박하고 인간적인 분위기 속에서 지었어요. 그런데 아파트나 현대식 주택이 널리 보급된 오늘날은, 한옥을 지을 수 있는 기술자들이 드물고 우리의 생

활 모습도 많이 변해 버렸다는 것도 문제입니다.

한옥에서는 앉아서 생활을 했어요. 멀리 갈 것도 없이 한 삼 십여 년 전만 해도 방에 앉아서 밥을 먹고, 밥상을 물리면 그 자리에서 앉은뱅이책상을 놓고 공부하고, 벽장에서 이불을 꺼내 깔고 자고, 비가 오면 문을 열어 처마에서 떨어지는 낙숫물 소리를 들었지요. 지붕에 가려진 태양의 빛은 흙 마당을 통해 반사되어 천장에 어른거리며 방을 환하게 만들어 주곤 했습니다.

그러나 오늘날 우리는 식탁에 앉아서 밥을 먹어야 하고, 소파에 앉아서 텔레비전을 보아야 하고, 침대에 누워서 잠을 자야 합니다. 그런 가구들로 인해 각각의 방들은 훨씬 넓은 면적을 필요로 하게 되었어요. 만약 우리가 오늘날의 입식 생활을 하며 한옥에 살려고 하면, 앉아 있는 공간은 좁고 답답해지고 마루는 조명 없이는 컴컴해지게 됩니다.

건축가의 한옥

그런 문제점들을 이미 백여 년 전에 고민한 사람이 있어요. '경운동 민병옥가옥'이라고 경운동 수운회관에서 인사동으로 들어가는 초입에 근대 초기에 지어진 한옥이 있습니다. 경운동 민병옥가옥은 민대식이라는 사람이 두 아들 민병옥과 민병완을 위해 같은 모양으로 나란히 지은 두 채의 주택 가운데 하나라고 합니다. 오늘날은 한 채만 그 자리에 남아 있고, 또 다른 채는 다른 곳으로 옮겨졌다고 해요.

이 집은 한옥에서는 원래 없었던 현관을 만들고, 화장실과 욕실을 집 안에 넣고 이를 연결하는 긴 복도를 두었어요. 그래서 '근대적 건축 개념이 도입된 한국 최초의 개량 한옥'으로 불립니다.

동쪽으로 난 대문을 들어서면 본채가 남향으로 배치되어 모든 방들에 채광이 잘 되는 구조임을 알 수 있어요. 그리고 대청을 한 칸 규모로 만드는 대신 별도의 응접실을 두었습니다.

현재 북촌 등에 남아 있는 'ㄱ', 'ㅁ' 자 형태의 도시형 한옥들과 달리, 이 집은 전통적인 서울·경기 지방의 'ㄱ' 자형 평면에 현대적 개념의 응접실·욕실 등을 넣은 것입니다. 당시로서는 파격적으로 양식 주택의 기능을 도입한 역사적 가치가 있는 집이에요.

옛날에 지어진 한옥들이 그 집을 지은 주인의 작품이었다면, 이 집에는 별도의 설계자가 있어요. 건축가 박길룡(1898~1943)이라는 분이에요. 그리고 이 집에 굳이 '개량 한옥'이라는 이름이 붙은 것도, 오늘날과 같은 현대식 건축 교육을 받은 최초의 한국인 건축가가 계획한 집이기 때문이 아닌가 싶습니다.

박길룡은 한국 근대 건축의 선구자로 평가되는 사람입니다. 그는 경성공업전문학교 1회 졸업생으로, 1920년 조선총독부에 건축 기수(技手)로 들어가서 청사를 새로 짓는 공사에 실무자로 참여하기도 했어요. 또한 우리가 잘 아는 건축가 김해경이자 시인인 이상의 선배이기도 합니다. 박길룡은 특히 종로 일대를 중심으로 여러 근대식 빌딩을 세워 나감으로써, 한국인 건축가로서의 자긍심을 높였습니다. 특히, 한옥을 더 살기 편하게 만드는 데에 관심이 많았어요. 경운동 민병옥가옥은 그러한 그의 생각이 반영된 결과물이라 할 수 있어요.

 이렇게 이미 오래 전에 건축가가 실현했듯이, 전통은 계승해야 하는 것이지 그대로 답습하는 것은 아니지요. 예전의 한옥 모습을 그대로 재현한 이름만 한옥이 아닌, 현재의 환경에 맞추어 오늘날의 재료를 적절히 사용하여, 우리의 정서와 우리의 정신을 담는 집을 우리 시대의 한옥으로 이어 가면 좋겠습니다.

 그것이 바로 한옥에 담긴 옛사람들의 생각과 마음을 살펴보고 기억하려는 이유입니다.

| 집 공부 생각 수업 |

한옥에 숨겨진 의미와 생각들…….

  생각보다 집에는 많은 이야기들이 숨어 있죠. 지금의 우리는 몇 동 몇 호에 살고 있으며, 집에는 어떤 가구가 들어 있고, 컴퓨터는 몇 대 있고…… 등등, 집이 주로 숫자와 집을 채우고 있는 물건들로 이루어지는 줄 알아요. 그런데 사실 집이란 그것들보다 많은 생각과 이야기와 시간이 담겨 있는 곳이랍니다.
  옛사람들은 남이 지어 준 집으로 몸만 들어가서 집에 맞추어 사는 것이 아니었어요. 옛사람들은 집을 직접 짓는 경우도 많았는데, 편지지에 한 글자 한 글자 글을 쓰듯이 가족의 생각과 가족에 대한 사랑을 넣어 집을 만들었습니다. 그렇게 하다 보니 남들과 다른 자신의 이야기가 집에 많이 담기게 되었겠죠.

  옛사람들은 재산이 많거나 높은 벼슬을 했다고 해서 집을 크게 짓는 게 아니었어요. 가장 작은 집을 지어 평생 공부한 생각을 담기도 했어요. 많은 손님들을 맞이하기 위해 여러 개의 마

당을 만든 집, 살림하는 여자들이 편리하도록 배려한 집, 임금님이 살았던 궁궐에서 일반 백성의 생활을 체험하기 위해 만든 집, 조상님들과 집을 지켜 주는 여러 신들을 깍듯하게 모신 집, 매일매일의 공부와 일에서 벗어나 경치가 좋은 곳에서 쉬면서 자연의 아름다움을 느낀 집…….

여러분이 보기에 어떤 집이 가장 마음에 들던가요? 한옥은 겉으로만 보면 그저 요즘의 콘크리트 집과 달리 나무로 지어지고 까만 기와를 올린 옛날 집이구나 생각했는데 이처럼 수많은 이야기와 의미가 담겨 있다니 참 놀랍죠? 우리가 이 책에서 함께 가 본 집들이 대부분 그래요. 시간이 많이 지나 사람이 바뀌어도 집은 담담하게 그 집을 지은 사람의 이야기며 그 집에 살았던 사람의 이야기를 전해 주곤 합니다.

우리가 그 집에 찾아가서 차분하게 앉아서 귀를 열면, 걸터

앉은 마루가, 오래 묵은 기둥이, 빗물이 스르륵 흘러내리는 처마가, 햇빛이 어른거리는 창호지가 우리에게 많은 이야기를 해 준답니다. 그럴 때 보면 집은 마치 생명이 있는 존재 같습니다. 집은 그저 사람을 덮어 주고 감싸 주는 무생물이 아니라, 사람과 같이 자라고 함께 늙어 갑니다.

처음에 단출하게 방과 마루와 부엌이 있는 세 칸 집에서 시작해, 아이를 낳고 그 아이가 자라 가족을 이루면 한 채씩 집을 더 지어 식구가 늘어나는 만큼 집이 늘어나고……, 그렇게 보면 우리 민족에게 집이란 가족과 같이 살고 가족과 같이 나이가 먹는 식구였고, 우리를 돌봐 주고 우리가 보호해야 하는 그런 존재였던 것 같아요.

현대에 들어와 문명이 발달하고 기술이 발전하면서 사람들은 점점 도시로 몰려들어 지금은 도시에서 현대식으로 지어진 집에 사는 사람들이 대부분입니다. 그러다 보니 우리나라의 기후에 맞춰 우리 조상들이 지어 살았던 한옥은 점점 잊히고 사라지는 듯했어요.

그런데 얼마 전부터인가, 작은 규모의 한옥들이 많이 남아 있는 서울의 북촌마을 같은 곳이 다시 주목받으면서 한옥에 사람들의 눈길이 닿기 시작했어요. 심지어 나라에서도 지원을 할 테니 관심이 있다면 한옥을 지으라고 사람들에게 적극적으로 한옥을 권하고 있어요.

저희는 한옥의 겉모습만을 보고 한옥을 추켜올리는 것은 한옥의 본모습을 제대로 보지 못하는 것 같아 걱정이 들었어요. 그래서 한옥이 얼마나 깊은 생각을 담고 있는지, 우리의 마음을 편안히 쉴 수 있게 해 주는지 함께 이야기 나누고 싶어졌지요.

이런 마음이 여러분에게 조금이라도 닿았기를 기대합니다. 아마도 이 책을 읽고 한옥이나 오래된 마을을 찾아간다면, 그 집이, 그 마당이 여러분에게 소곤소곤 속삭이는 이야기가 좀더 잘 들리지 않을까요?

| 찾아보기 |

ㄱ

가막마루 55
관가정 37
경(敬) 28
경복궁 31, 32, 90, 92, 93, 107
경운동 민병옥가옥 139, 140
경희궁 90, 91, 92, 93
경회루 32
고택 45
관동별곡 125, 129
광풍각 124
굴피집 133
궁궐 31, 90, 91, 93, 96, 107
근정전 31, 32
기단 69
기둥 69
기와 68
기와이기 98
기와집 80, 132, 135
김동수가옥 74
김득신 36
김춘수 32
꽃창살 64, 65

ㄴ

남명매 18
너와집 133
누마루 46, 54, 55, 56, 57, 83
눈꼽째기창 63

ㄷ

당판문 66, 67
덕수궁 90, 91
도리 26, 68, 99
도산서당 23, 24, 25, 27, 28, 29, 30, 117
도산서원 116, 117, 118, 119
대청 53
뒷간신 101, 102
들어열개문 65
뜰마루 55

ㅁ

마당 38
마루 50
만대루 56
만취헌 37
면앙정 13, 121
명륜당 113, 114, 115
명재고택 30, 45, 46, 48
문지방 104

ㅂ

박길룡 140
벼락닫이창 63
별서 121, 122
병산서원 56, 116, 117, 119
보백당 37

복례문 116
봉창 62, 104, 105
불발기창 63
북촌 135, 140
분합문 65

ㅅ

사대부 94, 111, 135
사창 62
산천재 15, 17, 19, 30
삼신 101
서까래 68, 83
서백당 30, 82, 83, 84, 85, 86
서원 110, 111, 112, 113, 114
성주신 101
세살 64
소쇄원 121, 122, 123, 124, 125
소수서원 113, 114, 115
솟을대문 94
송순 13
수오재 34
신도 107
식영정 125, 126, 128, 129, 130, 131
신줏단지 104, 105

ㅇ

아자살 64
암서헌 27, 29

양동마을 80, 81, 82
억만재 36
연경당 66, 94, 95
열화당 32
영녕전 107, 108
완락재 26
용마루 69
용자살 64
움집 21
윤비친가 76, 77
윤증 45, 46
월대 107
이지당 56, 57
이황 16, 23, 24, 25, 26, 27, 28, 29, 112, 113, 115, 116, 117, 118
임억령 128, 130

ㅈ

정약용 34
정자살 64, 66
정전 107, 108
정철 125, 126, 127, 128, 129
제월당 66, 67, 124
조식 16, 17, 18, 19, 24
조헌 56, 57
종갓집 79
종묘 106, 107, 108, 109
주련 69
주세붕 113, 115
주자 26, 27, 112, 113
주춧돌 69, 89, 99, 123
지락재 114, 115
쪽마루 54, 55

ㅊ

창경궁 90, 91, 92
창덕궁 66, 90, 91, 92, 93, 94
창호지 59, 60
처마 40, 50, 68, 138
초가집 27, 132
추녀 68

ㅌ

툇마루 54, 55

ㅎ

학구재 114, 115
허삼둘가옥 70, 71, 72, 73

● **자료 제공 및 출처** ●

국립중앙박물관
22쪽 집모양토기
39쪽 김정희「세한도」
48쪽 『영당기적』 중의 그림
79쪽 정선「북원수희도」 중 부분
90쪽 「도성도」 중 일부분
92쪽 「동궐도」 중 일부분
98쪽 김홍도「기와이기」
111쪽 김홍도「소과응시도」 중 부분
118쪽 정선「도산서원」 중 부분
121쪽 정선「염계상련」

문화재청
21쪽 암사동 움집
31쪽 근정전

32쪽 근정전의 현판
37쪽 관가정, 만취헌, 보백당
67쪽 제월당
85쪽 서백당의 향나무
91쪽 경희궁 흥화문
106쪽 종묘제례
116쪽 병산서원
123쪽 소쇄원
132쪽 초가집, 기와집
133쪽 너와집, 굴피집
139쪽 경운동 민병옥가옥

영주시
113쪽 소수서원
115쪽 경자 바위

이지현
66쪽 연경당
135쪽 북촌 한옥마을

태학사
35~36쪽 『뜬세상의 아름다움』 중 「나를 지키는 집」 부분

• 이 책들의 사진들은 해당 문화재를 소장하고 있는 곳과 저작권자의 허락을 받아 실었습니다. 자료의 출처를 찾기 위해 최선을 다했으나 혹 잘못된 내용이 있다면 연락 주십시오. 다음 쇄를 찍을 때 꼭 수정하겠습니다.

우리 고전 생각 수업 06
생각을 담은 집 한옥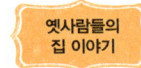

초판 1쇄 발행 2016년 10월 10일 **초판 7쇄 발행** 2023년 1월 3일

글 노은주·임형남
그림 정순임
기획 설완식
펴낸이 이승현

출판3 본부장 최순영
교양 학습 팀장 김솔미 **책임편집** 이지현
키즈 디자인 팀장 이수현 **디자인** 이나혜

펴낸곳 ㈜위즈덤하우스 **출판등록** 2000년 5월 23일 제13-1071호
주소 서울특별시 마포구 양화로 19 합정오피스빌딩 17층
전화 02) 2179-5600 **내용문의** 02) 2179-5683
홈페이지 www.wisdomhouse.co.kr **전자우편** kids@wisdomhouse.co.kr

ⓒ 노은주, 임형남, 설완식 2016
ISBN 978-89-6247-775-7 73380

· 이 책의 전부 또는 일부 내용을 재사용하려면 반드시 사전에 저작권자와 ㈜위즈덤하우스의 동의를 받아야 합니다.
· 인쇄·제작 및 유통상의 파본 도서는 구입하신 서점에서 바꿔드립니다.
· 책값은 뒤표지에 있습니다.